정설 사주공부

관음역서시리즈 2

정설 精說

일현스님의

사주공부

"
사주공부
기초부터 전문감정까지
한 권으로 끝낸다!
"
역술인의 완전정복 지침서

관음출판사

精說(정설) 사주공부

초판인쇄 | 2003년 12월 5일
초판발행 | 2003년 12월 15일

지은이 | 박일현 스님
펴낸이 | 소광호
펴낸곳 | 관음출판사

130-070 서울시 동대문구 용두동 751-14 광성빌딩 3층
전화 | 02) 921-8434, 929-3470
팩스 | 02) 929-3470

등록 | 1993. 4. 8. 제1-1504호

값 20,000원

ISBN 89-7711-101-3 04140

불필요하고 시대에 맞지 않는 이론은 정리하였다.

기초부터 전문이론까지 핵심을 꿰뚫었다.

고전이론을 현대에 맞게 적용시켜 풀이하였다.

10년 공부한 사람도 막히는 격국 용신을 원리적으로 해결하였다.

도표로 처리하여 한눈에 파악할 수 있게 하였다.

차 례

책을 읽기 전에

　현대인은 물질의 풍요 속에 온갖 과학문명의 편리한 혜택을 받고 있습니다. 과학 문명은 합리적이고 분석적입니다. 자연에 순응하기보다는 인간의 의지대로 개발하고 이용하는 것을 기본사상으로 하고 있습니다.

　그러나, 물질만능의 세태 속에 현대인은 환경오염, 자연파괴, 인간성 상실, 정신적 방황 등의 고통을 겪게 되자, 현대 과학 문명이 근본적인 문제가 있지 않는가 하는 비판과 반성을 하게 되었습니다.

　이에 서구에서는 신과학 운동이 일어나고 우리나라에서도 고전을 연구하고 우주자연과 더불어 합일하여 살아가는 것이 얼마나 중요한 지를 깨닫게 된 것입니다.

　이렇게 볼 때 선(仙)이나 단(丹)이라든가 신도교(新道敎) 운동, 또는 불교, 유교를 다시 접해 보는 등 잊어버렸던 옛것이 유행처럼 번지고 그러한 각(各) 도(道)의 근본이 되는 역학(易學)에 관심이 늘어나고 있는 것은 오히려 당연한 것입니다.

　역(易)을 알면 태초(太初)에 하늘이 열리고 땅이 생기며 사람과 동물 산천초목(山川草木)과 우주만물(宇宙萬物)이 생겨난 이치를 알게 됩니다. 춘하추동(春夏秋冬) 사시(四時)가 바뀌고 낮과 밤이 바뀜에 따라 만물이 생성 소멸하는 이치를 알고 유교(儒敎), 불교

(佛敎), 기독교가 꽃피운 소식을 알고 김일부(金一夫)의 정역(正易)이 근대에 이르러 회생하는 이유를 알게 됩니다.

문명이 꽃피워 컴퓨터 시대가 열리고 과학이 인류에 공헌하는 이치도 알게 됩니다.

우주의 생장(生長) 염장(*藏)이 그대로 인간의 생로병사요, 사물의 생멸입니다.

하늘을 우러러 살피고 굽어 땅을 살피니 인간의 길흉화복(吉凶禍福)이 훤히 드러나고, 내 한몸 관찰하니 내가 곧 우주입니다.

뜻이 깊고 오묘하여 「현학(玄學)」이라 합니다.

역(易)에 능하면 어떤 것이 길조(吉兆)인지 흉조(凶兆)인지를 알게 됩니다. 말하고, 밥먹고, 잠자고, 걷고, 앉는 습관과 좋아하고 싫어하는 것을 보고 그 사람의 타고난 팔자를 짐작하니 미루어 장래를 점칠 수 있습니다.

역(易)은 말단학문에 얽매어 근본을 잊고 사는 현대인에게 자기를 살피고 이 시점에서 어떻게 처신해야 하는가 하는 지혜를 제공합니다. 처신할 때와 장소를 가릴 줄 알아야 '철부지'를 면할 수 있는 것입니다.

사주명리학(四柱命理學)은 사람의 태어난 생년월일의 간지를 뽑아 음양오행의 생극제화(生克制化) 관계로 사람의 운명을 알아

보는 방법입니다. 따라서 음양오행(陰陽五行)을 철저히 알지 않으면 안됩니다. 역학의 다른 분야(풍수, 양택, 관상, 성명학)도 음양오행의 생극제화 원리가 기본입니다. 따라서 음양오행을 터득하면 다른 분야에는 적용하는 방법만 알면 됩니다.

　필자는 그동안 수년간 역학(易學) 강의를 해 온 경험과 연구자료를 바탕으로 이 책을 집필하였으나 시간에 쫓기어 미흡한 점과 오자도 많을 것으로 생각합니다. 원고를 정리 · 집필하는 데 많은 협조를 해 준 이동락 씨와 이 책을 출판하기까지 많은 노력을 해 주신 관음출판사 직원에게도 진심으로 감사를 드립니다.

　통신강의 위주로 교재를 만들었기 때문에 비교적 자세히 설명을 붙인 것이 특색일 것입니다. 시중에 나와 있는 사주학책들은 정통학문으로서의 원리설명이 미흡합니다. 이 책은 근본 이론을 바탕으로 설명되어 있기에 본 교재만 잘 연구한다면 다른 책이 필요없으리라고 자부합니다. 처음 공부를 시작하는 사람에서부터, 여러 책을 읽고 공부를 하였으나 미흡하다고 생각하시는 분까지 이 한권으로 수준에 오를 것입니다.

—玄역학연수원에서

참고문헌

연해자평(淵海子平)

한방의학입문(漢方醫學入門)

자형진전(子平眞詮)

원본주역(原本周易)

명리정종(命理正宗)

역학통론(易學通論)

궁통보감(窮通寶鑑)

단역대전(斷易大全)

적천수형의(滴天髓 衡義) 上·下

우주변화의 원리(宇宙變化의 原理)

팔자제요(八字提要)

한국인의 신 사주팔자(韓國人의 新 四柱八字)

정역과 한국(正易과 韓國)

명리학대전(命理學大全)

사주학 핵심비결

삼명통회(三命通會)

사주명리학이란 무엇인가?

제1장 사주명리학의 원리

제1장   사주명리학의 원리

천지 만물은 우주의 영향을 받지 않은 것이 없다. 특히 태양의 작용, 즉 따뜻하고 더우며 서늘하고 차가운 기후의 변화에 따라 생성화육(生成化育)되는 것이다.

그 중에서도 우리 인간은 천지의 오행(五行)과 일월성신(日月星辰), 기후(氣候), 산천(山川), 풍토(風土)의 기를 어머니 임신 중에 감수(感受)하고 출생하였다.

천지만물 중에서도 인간은 우주를 가장 닮은 동물로서 「소우주」라 칭는데, 우주의 변하는 원리를 그대로 적용하여 인간의 타고난 품성과 운세의 길흉을 알고자 하는 것이 「사주명리학(四柱命理學)」이다. 다시 말하면 우주의 모든 작용을 木, 火, 土, 金, 水의 五行과 음양으로 구분하여 태어난 年, 月, 日, 時의 음양오행의 상태 및 작용에 따라 「인명(人命)」을 알아보는 방법이다. 따라서 명리학을 연구하기 위하여는 음양오행의 모든 원리에 통달하여야 한다. 그 원리를 바탕으로 인간의 길흉관계의 생성과정을 알 수 있고, 반대로 어떤 한 인간형을 보아서 그 사람이 어떠한 사주팔자를 가지고 있나 하는 것도 알 수 있다. 또한 사회의 변화관계와 일상생활의 예측도 가능하게 되며, 사물의 기미를 보고 천리 밖의 일이나 주변의 변화상태를 모두 알 수 있으므로 「천지도래일장중(天地到來一掌中)」이라 하는 것이다.

인간 개개인이 판단의 대상이 되지만 인간은 우주 만물 중의 가장 영물이므로 모든 사물에 통하는 것이다.

1) 역학(易學)이란 무엇인가?

역학(易學)이라 함은 시간과 공간의 상호 착종(相互 錯綜)을 기초로 하여 여기에서 발전되는 음(陰)과 양(陽)의 상호작용으로 우주만물이 변화해 나가는 과정을 논하는 학문이다.

역학(易學)은 우주만유(宇宙萬有)의 변전원리(變轉原理)를 인간에 적용시키어 인간행로의 흥망성쇠를 예견하는 인간 최고의 생활철학인 것이다.

2) 명리학(命理學)이란 무엇인가?

인간의 운명을 예지하기에 충분한 천지간의 절묘한 조화 즉, 천의 오행, 지(地)의 오행, 목·화·토·금·수의 오행을 음양(陰陽)으로 구분하여 상생, 상극 등 기타 물리작용을 활용하여 행과 불행을 예지하는 학문이다.

3) 사주(四柱)란 무엇인가?

소우주라 칭하는 인간에게 우주의 변화하는 원리를 그대로 적용하여 인간의 타고난 품성과 운세의 길흉을 알고자 할 때, 태어난 生年, 月, 日, 時의 천간(天干)과 지지(地支)의 팔자(八字)로 구성된 네 기둥을 세워 타고난 상(象)을 판단코자

하는데 이때 세운 네 기둥을 사주(四柱)라 한다.
　　태어난 해 : 년주(年柱) 즉 태세(太歲) : 조상, 유년기
　　태어난 달 : 월주(月柱) 즉 월건(月建) : 부모형제, 청소년기
　　태어난 날 : 일주(日柱) 즉 일진(日辰) : 배우자, 장년기
　　태어난 시 : 시주(時柱) : 자손, 노년기

4) 팔자(八字)란 무엇인가?

　사주(四柱)의 구성요소로 천간(天干)의 네글자와 지지(地支)의 네글자를 합한 것을 팔자라 한다. 자신을 뜻하는 일주(日柱)의 천간(天干)을 중심으로 他柱와 日支의 나머지 일곱글자를 서로 비교하여 체격, 건강, 모습, 체질(오장육부), 부모, 조상, 형제, 배우자 등 가족 관계 및 직업, 사업, 입시의 합격 여부 등 대외환경적 길흉을 판단하는 사주추명(四柱推命)의 구성 여덟글자를 말한다.

5) 사주명리학(四柱命理學)의 기원

　사람의 생년, 월, 일 시의 네 기둥을 가리켜 사주라 하는데 천명(天命)의 이치를 탐구하는 학문이기 때문에 「명리학」이라 한다. 원명은 자평학(子平學)이고 추명학(推命學), 명리학(命理學)이란 호칭은 중국의 원서 가운데 보이는 말이다.
　사주명리학은 지금으로부터 1600여년 전 이전에 창시되었다고 본다. 처음엔 生年위주로 보았으나 명나라때 서거역(徐居易)이 생일을 주로하고 생월을 용신으로 하여 생년, 생시를 보조적

으로 보는 방법을 창안하여 사주명리학의 조(祖)가 된 것이다. 그러면 원명의 자평학(子平學)에서 「자평(子平)」의 뜻은 무엇인가? 자는 북방에 위치하는 수인데 천일수(天一水)를 낳는 수는 천지를 구성하는 시초의 물질이다. 그리고 물은 항상 평균이 되려는 성질을 가진 것으로 수평(水平)이라는 말과 같이 평균을 유지하는 대표적인 물질인 것이다. 사람도 평균 즉 중용과 화평을 원하기 때문에 평자(平字)를 취하여 「자평의 학(子平의 學)」이라 칭한 것이다.

수(水)가 평평하면 파도가 일지 않듯이 사람의 운명도 이와 같아서 파란이 없으면 안락한 처세를 할 수 있다. 그 중용의 처세론이 즉 사주학인 것이다.

인간의 미래를 점치는 방법에는 여러가지가 있으나 동양의 역학내지 음양오행을 적용한 사주학에는 미치지 못한다.

둘째편

역학(易學)의 일반이론

제1장   일반역학(一般易學)

1. 역(易)의 발전

주역 및 역학(易學)의 발상지는 중국(中國)의 황하유역이다.

1) 삼황시대(三皇時代)

삼황이란 천신(天神), 지신(地神), 인신(人神)을 말하거나 수인(獸人), 복희(伏羲), 신농(神農)을 말한다.

- 수인 : 나무를 마찰시켜 불을 만듦
- 복희 : 목축을 가르쳤고, 황하에서 잡아온 용마 등에 박힌 점의 형상을 보고 주역팔괘를 제정하고 선천수(先天數)를 창안
- 신농 : 농사짓는 일을 가르치고, 상하 64괘를 만들어 주역 64괘를 완성했다.

※천신은 하늘에서 준 은혜, 즉 불을 발명한 수인 같고, 지신은 땅의 이로움을 발견하고 가축을 기르며 유목생활을 했던 복희씨로 추정되며, 인신은 사람이 농사짓는 것이므로 신농씨라 생각하는 사람도 있다.

2) 오제시대(五帝時代)

오제란 황제, 전욱, 제곡, 요, 순 등 5名이다.

- 황제(BC 2700~2600년) : 문학(文學), 산학(算學), 역

법(易法) 등을 발명했다 하며 이 때부터 육십갑자(六十甲子)를 만들어 사용했다. 황제내경은 오장 육부의 기혈(氣血)의 순환을 문답식으로 기록한 한의서이다.

3) 은(殷)

은은 지금부터 약 3500년 전에 있었던 나라이다. 은나라 사람들은 1년을 365＋1/4일로 잡았으며 사(祀)라 불렀는데 이는 1년에 한차례씩 제사를 지냈기 때문이다. 1년을 12개월로 정하고 60갑자의 끝인 계해일(癸亥日)까지 60日을 1주기로 하여 날짜를 계산하였다.

4) 주(周)

창(昌)은 주문왕으로 추존된 사람이다. 그는 황하에서 신령한 거북이의 등에 박힌 점을 보고 후천수를 만들었고 64쾌에 사(辭)를 붙여 주역을 만든 사람이다. 주문왕의 아들이 무왕인데 주나라를 일으킨 사람으로 역학을 계승 발전시킨 사람이다.

5) 공자(孔子)

공자는 가죽끈이 3번 끊어질 정도로 주역을 읽고 십익(十翼)을 붙여 주역을 완성했다. 여러분들이 잘 알고 있는 사서삼경[논어, 대학, 중용, 맹자, 시경, 서경, 역경]에도 역학의 기본 사상이 들어 있다.

6) 춘추전국시대

낙록자, 귀곡자 등이 연구하였다. 이들은 소위 음양가에 속한다.

7) 한

장량, 동중서, 엄평군, 관로, 제갈량 둥이 易學으로 이름을
날렸다.

8) 당

원천강, 일행대사 등이 유명하였다.

9) 송

서승공이 현재의 일간(日干)중심 이론을 체계화하였다.

10) 명

유백온(주원장의 장자방), 만유오 등이 유명하다.

11) 청

임철초 등이 이름을 떨쳤고 지금까지도 많은 저서가 전해오
고 있다.

2. 五行은 어떻게 생성되었는가?

천지가 아직 나뉘지 않았을 때에는 그 이름을 혼돈(混沌)이
라고 하였다. 건곤(乾坤)이 아직 나뉘지 않았을 때를 배혼(胚
渾)이라고 하였다. 일월성신(日月星辰)이 아직 생하지 아니

하였고 음양한서(陰陽漢書)가 아직 나뉘지 않았을 때이다.

위로는 비도 이슬도 없고, 눈과 서리도 없고, 번개 우뢰도 없이 아득하고 어둠만 있을 뿐이었다. 아래에 있어서는 초목이 없고, 산천이 없고, 가축이나 새나 짐승도 없고, 사람도 없으며 그저 어두컴컴하기만 한데 이 때 한 기운이 반중(盤中)에 굳어져 기(氣)가 나뉘었으니

태역(太易) 生 水 하고 : (一, 六) 정핵(精核)
태초(太初) 生 火 하며 : (二, 七) 온기(溫氣)
태시(太始) 生 木 하고 : (三, 八) 혈(血)
태소(太素) 生 金 하고 : (四, 九) 골(骨)
태극(太極) 生 土 하였다 : (五, 十) 육(肉)

오행(五行)이 발생하니 水는 一이요, 火는 二, 木三, 金四, 土五의 숫자가 정하여 지고 이를 「생수」(生數)라 하며 다시 六, 七, 八, 九, 十을 이루니 이를 「成數」라 한다. 맑고(淸), 가벼운 것(輕)은 하늘이 되고 탁(濁)하고 무거운 것(重)은 가라 앉아서 땅이 되었다. 생수는 발생을 뜻하고 성수는 완성을 의미한다. 홀수는 양으로 보고 짝수는 음으로 본다. 예를 들어 일진이 갑(甲)일때 갑은 양목에 속하고 숫자로는 3 즉 생수에 속하기 때문에 처음 시작하는 일, 계약이라든가 신청하는 등의 일이 좋다. 을(乙)날이라면 숫자로는 8에 속하고 성수에 속한다. 따라서 이 날은 마무리짓는 일이 좋다.

팔 괘 도

無
|

太極

陰   陽

太陰 小陽   小陰 太陽

坤	艮	坎	巽	震	離	兌	乾
地	山	水	風	雷	火	澤	天
땅	산	물	바람	우뢰	불	연못	하늘
八	七	六	五	四	三	二	一
土	土	水	木	木	火	金	金

일건천(一乾天) ≡	삼연건(三連建)	암기時	건삼련(乾三連)
이태택(二兌澤) ≡	상절열(上絶悅)		태상절(兌上絶)
삼이화(三離火) ≡	허중려(虛中麗)		이허중(離虛中)
사진뇌(四震雷) ≡	하연동(下連動)		진하연(震下連)
오손풍(五巽風) ≡	하절입(下絶入)		손하절(巽下絶)
육감수(六坎水) ≡	중연험(中連險)		감중연(坎中連)
칠간산(七艮山) ≡	상연지(上連止)		간상연(艮上連)
팔곤지(八坤地) ≡	상절순(三絶順)		곤삼절(坤三絶)

● 계사전 : (繫辭傳)

3. 주역이란 무엇인가?

역(易)이란 우주만물의 변하는 이치를 설명한 이론이다. 이 우주가 어떻게 생겨났고 어떻게 발전되며 미래에 어떻게 될 것인가를 보여준다. 이 우주에 존재하는 만물은 모두 이 변화하는 법칙에 따라 생성(生成), 성장(成長), 소멸(消滅)하지만 너무 오랜 세월에 걸쳐 변하기 때문에 육안으로 볼 수가 없는 것 뿐이다. 이 우주에 존재하는 모든 생물, 무생물은 이 범주를 벗어날 수가 없다.

그러면 그 변하는 법칙, 즉 역의 원리는 무엇인가? 주역(周易)에서 그 해답을 찾아보기로 하자.

무극(無極)은 태극(太極)을 낳고 태극(太極)은 양의(

陰陽)를 낳고, 양의는 사상(四象)이 되고 사상은 팔괘를 이루고 팔괘는 다시 합성되어 64괘가 된다. 음양은 획으로 구별한다. 즉 양(陽)은 ━ 음(陰)은 -- 로 표시한다. 양은 한획이기 때문에 홀수(1, 3, 5, 7, 9)를 나타내고, 음은 두획이기 때문에 짝수(2, 4, 6, 8, 10)를 의미한다. 팔괘에서 음괘인가 양괘인가를 알려면 획수를 세어본다. 홀수이면 양괘이고 짝수이면 음괘에 속한다. 예를 들어 진괘[☳]는 5획이기 때문에 양괘에 해당한다.

무극은 형체는 없으나 기(氣)로 가득찬 상태를 말한다. 즉 음, 양의 기가 섞여 있으나 아직 갈라지기 이전의 상태를 말한다. 태극(太極)은 어떤 물질이 되기 위한 요소는 다 가지고 있으나 아직 분화가 안 된 상태, 즉 씨앗과 같은 상태를 말한다. 太자의 모양이 씨앗, 종자를 상징한다.

계란이나 씨앗, 새생명이 잉태된 것은 다 태극의 상으로 볼 수 있다. 그래서 사상(事象)으로는 어떤 일의 시초로 본다. 한 세대가 끝나고 다음 세대가 시작되는 단계로 볼 수 있다. 양의 즉 음과 양은 태극이 둘로 나뉘어 이루어진다. 즉 동하여 양이 되고, 정하여 음을 이룬다. 식물의 씨앗에서 싹이 나서 잎이 둘로 갈라지는 상과 같다. 음, 양은 나뉘어 사상(四象)을 이루는데 태음(太陰)[☷], 태양(太陽)[☰], 소음(少陰)[☳], 소양(少陽)[☴]이 그것이다. 양 위에 양이 올라가서 태양이 되고 양 위에 음이 올라가서 소음, 음 위에 양이 올라가서 소양, 음 위에 음이 올라가서 태음이 된다. 태양은 양이 최고도로 발전한 상태이다. 소양은 양이 발전하기 시작하는 단계로 태양이 떠오르는 형국을 의미한다. 소음은 음이 시작되는 단계로 어둠이 깔리기 시작하는 단계로 볼 수 있고, 1년으로 말하면 서늘해지기 시작하는 가을로 볼 수 있다. 태음은 음이 최고도로 발전한 상태로 하루로 말하면 깜깜한 한밤중, 계절로 보면 겨울과 같다.

사상(四象)은 나뉘어 팔괘(八卦)를 이루는데 태양(太陽) 위에 양이 올라가서 건(乾)[☰]괘, 태양 위에 음이 올라가서 태(兌)[☱]괘, 소음 위에 양이 올라가서 리(離)[☲]괘, 소음 위에 음이 올라가서 진(震)[☳]괘, 소양 위에 양이 올라가서 손(巽)[☴]괘, 소양 위에 음이 올라가서 감(坎)[☵]괘, 태음 위에 양이 올라가서 간(艮)괘[☶], 태음 위에 음이 올라가서 곤(坤)괘[☷]를 이룬다.

양(陽)은 가득찬 것, 생성, 발전, 성장, 분열, 확장, 움직이는 것을 나타내고, 음(陰)은 빈 것(虛), 소멸(消滅), 정지, 응고(凝固), 정리(整理), 수축, 정(靜)적인 것을 나타낸다. 예를들어 대장간에서 쇠를 불에 넣어 부드럽게 하는 일이 양에 속한다면 쇠를 물속에 집어넣어 딴딴하게 하는 과정은 음이라고 할 수 있다. 또 식물도 낮에 세포가 늘어났다가 밤이면 오그라드는 작용을 반복하여 크고 있다. 늘어났다가 성장을 멈추고 딴딴해지는 과정−담금질을 하고 다시 불에 넣는 이 과정을 반복함으로서 만물이 이루어지는 것이다.

다음은 팔괘(八卦)에 관하여 설명하겠다.

건괘(乾卦)[☰] : 건괘는 하늘, 존귀, 아버지, 높은 것, 가득찬 것, 굳센 것을 의미한다. 양(陽)만 셋이 합친 것이기 때문에 한낮 여름의 기운을 나타낸다. 색깔로는 누에빛과 같은 색깔, 흰하고 회면서도 약간 연두색을 띈다. 이 색은 귀한 색깔로 사람이 귀한 자리에 오르면 이 색깔을 띠게 된다. 한 나라로 보면 대통령, 가정에서는 아버지와 같다. 하늘은 골고루 빛을 쪼여 만물이 자라게 하고 비를 내려 윤택하게 한다. 이것이 건도(乾道)요, 군주와 아버지의 도다.

태괘(兌卦)[☱] : 연못, 금전, 희열, 낭비, 연애, 구설, 다변, 기쁨으로 푼다. 태괘의 모습은 두개의 양효(주역에서는 한개의 획을 효(爻)로 표현하고, 제일 밑에 효를 초효, 가운데 효를 2효 또는 중효, 위에 있는 효를 3효로 표현한다.) 위에 음효가 있어서 입을 벌리고 즐거워 하는 모습이다. 입의 형상으로 보면 말이 많은 것, 음식을 먹는 형상으로 보며 낭비로 풀고, 움푹 패인 형상으로 보면 연못으로 푼다. 사람이 즐거운 일을 맞으면 입이 벌어지는 이치와 같다.

리괘(離卦)[☲] : 흩어진다, 밝다, 갈라진다, 빛을 본다, 탄로난다, 불, 문예로 푼다. 리괘(離卦)는 불(火)로 푸는데 만물은 불에 타면 흩어진다. 그래서 이산(離散), 이별(離別), 실체가 없어지는 상태로 본다. 빛으로 볼 때에는 밝음, 지혜, 광명, 비밀탄로 등으로 본다.

진괘(震卦)[☳] : 우뢰, 진동, 진출, 생동, 놀람, 소리만 있고 실체가 없는 것 등으로 푼다. 속에서 분출하는 힘이 꿈틀거린다. 인생으로는 청소년기에 해당하여 가장 정열적인 감정을 가지는 것으로 본다. 우뢰처럼 소리가 커서 놀라나 실체는 없다. 물, 불을 가리지 않는 실행력, 적극적인 성품으로 본다.

손괘(巽卦)[☴] : 들어간다, 바람, 풍문, 중개(仲介), 무역(貿易), 만물을 자라게 하는 것 등으로 푼다. 바람처럼 파고들어가는 것, 만물이 성장하려면 바람이 불어 공기가 잘 통해야 하는 이치와 같다. 바람이 이쪽에서 저쪽으로 불듯이 중개, 무역하는 상과 같다하여 중개, 무역으로 푼다.

감괘(坎卦)[☵] : 위험(危險), 함정, 곤란, 질병, 저기압, 홍수, 도둑, 사기 등으로 푼다. 감자는 함[陷]자의 의미로 토(土)가 결핍되었다는 의미이다. 진흙구덩이에 빠져 헤어나지를 못하는 상이다. 습기가 많으면 기분이 나쁘고 일하고 싶은 의욕이 없어 저기압 상태가 된다. 수(水)로 보기 때문에 홍수 또는 물에 빠진 것으로 본다. 또 어둡고 컴컴하므로 도둑을 맞고 사기당하는 것으로 본다.

간괘(艮卦)[☶] : 정지, 개혁, 막힘, 산, 개업, 건물, 신장개업 등으로 푼다. 산이 막혀 나아갈 수 없어 멈추는 상이다. 즉 업종을 바꾸어서, 하던 일을 정리하고 새로운 일을 시작하거나, 시행착오나 잘못된 일을 고치는 개혁으로 푼다. 오행으로는 토(土)에 속하기 때문에 산(山)이나 건물로 보는 것이다.

곤괘(坤卦)[☷] : 유순, 검소, 근검, 저축, 순종, 전답, 초원, 대지 등으로 푼다. 어머니의 도이기 때문에 유순, 복종심, 부지런히 살림만 하고 저축하는 운명 등으로 푼다. 낮은 땅으로 보아서 전답, 초원, 대지로 본다. 곤괘는 음만 셋이 모여 이룬 괘이기 때문에 양과 같이 가장 유순하고 부드러운 것이다. 땅은 묵묵히 만물을 길러준다. 이것이 대지의 도이다.

8괘가 상징하는 것

	건	태	이	진	손	감	간	곤
	☰	☱	☲	☳	☴	☵	☶	☷
괘명(卦名)	乾	兌	離	震	巽	坎	艮	坤
괘명(卦象)	하늘	연못	불	우뢰	바람	물	산	땅
괘덕(卦德)	굳셈	기뻐함	화려함	움직임	들어감	위험	막힘	유순
사 람	아버지	소녀	중녀	장남	장녀	중남	소남	어머니
오행(五行)	금	금	화	목	목	수	토	토

4. 천간(天干)과 지지(地支)는 어떻게 만들어졌는가?

우주만물이 발전하고 인간 세상이 점차 복잡해짐에 따라 이를 다스려서 질서를 잡을 필요가 생기게 되었다. 이에 황제(黃帝)는 인민의 고통을 근심하여 목욕재계하고 제단을 마련하여 하늘에 기원하니 십간(十干)과 십이지(十二支)의 계시를 받게 되었다. 황제(黃帝)는 강시(降示)된 십간(十干)을 둥글게 펴서 하늘을 상징하고 십이지(十二支)를 모나게 펴서 땅의 형상을 본뜨게 하였다. 이러므로 간(干)은 천(天)이 되고 지(支)는 땅이 되었으니 이를 각 부문에 적용함으로써 나라를 다스릴 수 있었다.

그후 대요씨(大堯氏)가 집정할 때 후인(後人)을 근심하고 십간(十干)과 십이지(十二支)를 결합하여 육십갑자(十甲子)를 작성하였다.

천간 ─ 갑 을 병 정 무 기 경 신 임 계
(天干)─(甲 乙 丙 丁 戊 己 庚 辛 壬 癸)

지지 ── 자축인묘진사오미신유술해
(地支)──(子丑寅卯辰巳午未申酉戌亥)

또 십간(十干)과 십이지(十二支)에는 음, 양이 있고 오행
(五行)이 배속된다. 예컨데 천간의 갑을(甲乙)은 목(木)이
되고 병정(丙丁)은 화(火)가 되며 지지(地支)의 인묘(寅卯)
는 목(木)이 되고 사오(巳午)는 화(火)가 된다. 또, 갑(甲)
은 양(陽)이 되고 을(乙)은 음(陰)이 되며 인(寅)이 양(陽)
이며 묘(卯)가 음(陰)이 된다.

이 십간(十干)과 십이지(十二支)가 동방 문화 일반에 미친
영향은 지대하다. 음양오행 철학을 떼어놓고 동방사상을 탐구
하고 동방문화를 관찰한다는 것은, 흙을 떠나서 산을 연구하
고 물을 떠나서 바다를 살피듯 어리석은 일이다.

5. 음과 양(陰과 陽)

음·양은 각각 무엇을 상징하는가?

양(陽) ── 하늘(天), 태양(日), 낮(書), 강(剛), 건(健), 남자
(男), 임금(君), 남편(夫), 大, 多, 上, 진(進), 동
(動), 가득찬 것(盈), 표면(表), 참된 것(眞), 귀한
것(貴), 부(富), 바른 것(正), 착한 것(善), 生, 맑
음(淸), 열림(開), 오름(昇), 기(氣), 리(理) 등등.

음(陰) ── 땅(地), 달(月), 밤(夜), 유(柔), 순함(順), 여자
(女), 신하(臣), 아내(妻), 小, 少, 下, 퇴(退), 정
(靜), 빈것(虛), 속(裡), 거짓(僞), 천한 것(賤),

가난(貧), 거짓(邪), 악한 것(惡), 死, 탁함(濁), 닫
힘(閉), 내림(降), 형(形), 기(氣) 등등.

음양은 대립하고 통일된다

음양(陰陽)이 나뉘기 이전을 태극(太極)이라 한다. 맑고 가
벼운 기운이 모여 양(陽)이 되고, 탁하고 무거운 기운이 모여 음
(陰)이 되어 비로소 양의(兩儀)가 생성된다. 하늘은 위에 있어
서 능동적이며 땅은 밑에 있어서 수동적이다. 양자는 대립하지만
대립을 통해 통일되어 있다. 건(乾)과 곤(坤)의 대립이 곧 陰
(음)과 陽(양)의 대립이며 다시 통일되는 법칙이 우주구성과 변
화의 근본 원리이다. 모든 사상(事象)은 제각기 고립해서 존재
하는 것이 아니고, 대립하고 상호 작용하는 관계에서 존재하는
것이다. 이른바 대립과 통일의 모순인 것이다.

만물은 서로 높고 낮은 것으로 갈라져 귀천의 질서를 형성
하고 동적(動的)인 것과 정적(靜的)인 것의 작용으로 강(剛)
과 유(柔)의 관계를 맺는다. 만물은 또 그 성질이나 운동법칙
에 따라서 제나름대로의 무리로 갈라지고 상호작용하여 길흉
(吉凶)을 자아내는 것이다.

양(陽)은 태양(太陽)이요, 낮이요, 봄, 여름에 해당하니 만
물이 성장하고 무성하게 한다. 陰(음)은 달이요, 밤이요, 가
을, 겨울에 해당하니 자라나는 만물을 여물고 단단하게 하여
堅實(견실)하게 하는 작용을 한다. 양(陽)만 존재한다면 자라
고 팽창하는 것이 멈춤이 없어, 결국엔 기운이 흩어져서 사멸
(死滅)하고 만다. 음양의 조화 없이 존재할 수 있는 것은 아무
것도 없는 것이다.

6. 용마하도(龍馬 河圖)

복희시대에 하수(河水)에
나타난 용마(龍馬)대 오른쪽
그림과 같은 무늬가 있어 여
기에서 우주의 원리를 발견하
였으니 지금까지 전해오는 하
도(河圖)인 것이다.

그림을 보면 중앙의 五는
태극을 상징한다. 양의 수 一,
三, 五, 七, 九가 있어 합하면
25이며, 음의 수 二, 四, 六,
八, 十을 합해 30이 되니 이

하도(河圖)

것이 양의(兩儀)가 된 것이다. 즉 그림에서 백점(ㅇ)은 양
(陽)을 뜻하고 흑점(•)은 음(陰)을 상징한다.

양수 一이 아래에 위치하고 음수 二가 위에서 대응한다. 양
수 三이 왼편 안쪽에 위치하니 음수 四는 오른편 안쪽에서 대
응한다. 五양수가 중앙에 있어서 변화와 조화의 주체적 역할
을 담당하고 있다. 五는 生수의 끝 수로써 양수이므로 成수의
만수(滿數)인 十이 중앙의 전후로 대응하여 전체의 조화와 균
형이 유지된다.

간지팔위방위수리오행(干支八位方位數理五行)

甲乙寅卯 東方三八木
丙丁巳午 南方二七火
戊辰戌丑未 中央五十土
庚辛申酉 西方四九金
壬癸亥子 北方一六水
己獨百
一, 二, 三, 四, 五 : 生수
六, 七, 八, 九, 十 : 成수

문왕팔괘도(文王八卦圖)　　복희팔괘도(伏羲八卦圖)

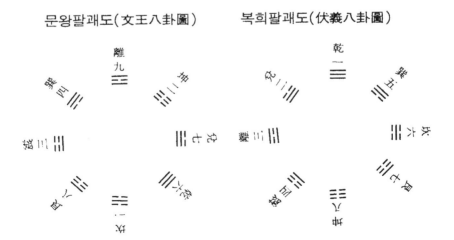

7. 신구낙서(神龜洛書)

낙서(洛書)

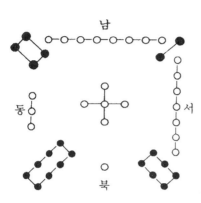

낙서는 복희씨 시대의 하도(河圖)출현 이후 2천년이 경과된 문왕(文王)당시에 신구(神龜)가 낙수(洛水)에서 왼쪽과 같은 무늬를 등에 지고 출현하였다는 데에서 시작되었다.

이 그림을 살펴보면 기(奇)수(홀수)는 사정위(四正位)에 위치하여 군주가 되고 우(偶)수(짝수)는 사측방(四則方)에 위치하여 신자(臣者)가 되어 있다. 하도(河圖)에서는 홀수, 짝수를 합하여 사정방(四正方)에 배속하고 生수는 안쪽에 成수는 바깥쪽에 있는 점이 낙서와 다르다.

즉 낙서는 천존(天尊)하고 지비(地卑)한 관계와, 양이 主가 되고 음이 보필하는 상대적 관계를 표시하고 있다.

중앙에 五를 중심으로 서로 대칭되는 숫자의 合은 어느 쪽에서나 十이 되며 五까지 합하면 15라는 완성의 숫자가 된다. 흑과 백의 짝수, 홀수의 구분은 양의를 상징하고 대칭수끼리

四	九	二
三	五	七
八	一	六

의 合이 되어 사상(四象)을 나타낸다. 숫자로 표시하면 왼쪽 그림과 같이 되는데 구궁, 구성(九宮, 九星) 등으로 불린다. 여기에 팔괘(八卦)를 붙여서 응

용하기도 한다. 기문(奇門) 등에서는 중요한 이론이 된다. 하
도(河圖)는 선천적이며 정적인 체(體)가 되고 낙서는 후천적
이며 동적인 用(용)이 된다.

38

제2장 음양오행(陰陽五行)의 기초(基礎)

사주 명리학의 근간을 이루는 이론은 천간(天干)이라 불리우는 10간(干)과 지지(地支)라 칭하는 12지(支)의 음양오행(陰陽五行)과 육십갑자(六十甲子)의 대응관계이다.

천간(天干), 십간(十干)

십간(十干)은 갑(甲), 을(乙), 병(丙), 정(丁), 무(戊), 기(己), 경(庚), 신(申), 임(壬), 계(癸)이다. 십간은 다시 음간(陰干)과 양간(陽干)으로 나누어지며 이것을 만유(萬有)의 십분법(十分法)이라고도 한다.

　　　　양간(陽干) : 갑병무경임(甲丙戊庚壬)
　　　　음간(陰干) : 을정기신계(乙丁己辛癸)
　　그리하여 각각 본질이 다르므로 속하는 곳도
　　　　갑을(甲乙)은 동방목(東方木)
　　　　병정(丙丁)은 남방화(南方火)
　　　　무기(戊己)는 중앙토(中央土)
　　　　경신(庚辛)은 서방금(西方金)
　　　　임계(壬癸)는 북방수(北方水)에 각각 속한다.

간명	갑	을	병	정	무	기	경	신	임	계
음양	양	음	양	음	양	음	양	음	양	음
오행	목(木)		화(火)		토(土)		금(金)		수(水)	

지지(地支), 십이지(十二支)

십이지(十二支)는 ┌ 자 축 인 묘 진 사 오 미 신 유 술 해 ┐
　　　　　　　　　│ (子 丑 寅 卯 辰 巳 午 未 申 酉 戌 亥) │
　　　　　　　　　│ 쥐 소 호 토 용 뱀 말 양 원 닭 개 돼 │
　　　　　　　　　│　　　 랑 끼　　　　　　 숭　　 지 │
　　　　　　　　　└　　　 이　　　　　　　 이　　　　 ┘

를 말한다. 십이지도 음(陰)과 양(陽)으로 나누는데 상징하는 동물의 발톱 숫자가 홀수일 때는 양(陽)에 속하고 짝수일 때는 음(陰)에 속한다.

　　양지(陽支) : 자인진오신술(子寅辰午申戌)
　　음지(陰支) : 축묘사미유해(丑卯巳未酉亥)
　그리고 속하는 오행(五行)은
　　인묘는 동방목(寅卯는 東方木)
　　사오는 남방화(巳午는 南方火)
　　진술축미는 중앙토(辰戌丑未는 中央土)
　　해자는 북방수(亥子는 北方水)이다.

지명	자	축	인	묘	진	사	오	미	신	유	술	해
음양	양	음	양	음	양	음	양	음	양	음	양	음
오행	수	토	목	목	토	화	화	토	금	금	토	수

1. 음양(陰陽)과 사상(四象) 및 오행(五行)

사상도(四象圖)

목(木)	화(火)	금(金)	수(水)	토(土)
소음(少陰)	태양(太陽)	소음(少陰)	태음(太陰)	중성(中性)
춘(春)	하(夏)	추(秋)	동(冬)	사계(四季)
혈질(血質)	난기(暖氣)	철질(鐵質)	유질(流質)	귀숙(歸宿)
성장(生長)	이산(離散)	숙살(肅殺)	수장(收藏)	연계(連係)

　천지간에 일기(一氣)가 이루어져 동하고 정하여 음양(陰陽)으로 나뉘었다. 음·양은 노소(老少)로 나뉘어 사상을 이루었다. 음과 양이 극(極)을 이루어 태음, 태양이 되고 그 중간 경계로 소음, 소양이 이루어졌다. 오행 중의 수는 태음이요, 화(火)는 태양, 목(木)은 소양, 금(金)은 소음에 해당한다.

　천지간에 일월한서주야남녀(日月寒署晝夜男女)가 있으니 이것이 곧 음양(陰陽)의 작용이며 사상(四象)은 곧 춘하추동 사계절의 기(氣)를 나타낸다. 우주만물 중 생명체는 종자가 있고 종자에서 싹이 움트는 것은 목기(木氣)의 작용이다. 금, 목, 수, 화가 그대로 천지자연의 질(質)이 되고 만물이 이루어져 돌아가는 곳이 토이므로 이 토는 금, 목, 수, 화의 질이 된다.

　사람도 천지의 기를 타고났다. 사람의 온기는 火에 속하고 유질(流質)은 水이며 철질(鐵質)은 金, 혈기(血氣)는 木에 속한다. 사람에게도 오행은 골육을 이루는 질인 것이다. 따라서 인생은 기를 받고 형을 이루어 기다리지 않아도 때에 따라 변하게 되니 천지자연이 기의 작용을 떠나서는 성립하지 않는 것이다.

2. 천간(天干)과의 관계

오행중엔 각기 음과 양이 있다. 木을 예를 들어 설명하면 천간 중의 갑과 을이 목의 음양으로 갑은 을의 기가 되며 을은 갑의 질이 된다.

하늘에 유행(流行)하는 생기가 갑이며 땅의 생기를 얻어 자라는 만물이 을이다. 생기가 산포(散布)된 것을 갑 중의 갑이라 하고, 생기가 응고되어 이루어진 것을 갑중의 을라 한다.

또한 만물의 지엽(枝葉)은 을 중의 갑이요, 만물의 가지 중 샛가지의 잎이 을 중의 을이다.

천간(天干)은 오행(五行)의 재천유행지기(在天流行之氣)이고 지지(地支)는 사시유행(四時流行)의 순서이다.

3. 천간(天干)과 지지(地支)의 관계

갑을(甲乙)이 하늘의 기로서 갑(甲)은 양화지기(陽和之氣)의 초전(初轉)이며 을(乙)은 생기(生氣)로서 싹을 트게 하는 것이고, 인묘지지(寅卯地支)는 시령(時令)의 순서로서 땅에 비한다.

유행지기(流行之氣) 즉 천기(天氣)는 시령(時令)에 따라 돌아가며 갑을(甲乙)은 인묘(寅卯)에 뿌리하고 있는 것이다.

또한 해미진(亥未辰)이 목(木)이 근(根)이 된다.

천간(天干)은 월령(月令) 월주주의 지지(月柱의 地支)에 근거하는데, 왕기(旺氣)를 받아 그 쓰임이 현저히 빛나는 것과 같다. 따라서 천간에 월령(月令)을 얻지 못하면 쓰여도 역부족(力不足)이 된다. 비유컨대 관리(官吏)가 다스릴 땅을 얻지 못함과 같아 능력을 펴지 못한다.

4. 육십갑자(六十甲子)는 어떻게 이루어졌는가?

천간(天干)의 한글자와 지지(地支)의 한글자씩을 배합해 나가면 육십갑자(六十甲子)가 된다.

甲子	乙丑	丙寅	丁卯	戊辰	己巳	庚午	辛未	壬申	癸酉
해중금(海中金)		노중화(爐中火)		대림목(大林木)		노방토(路傍土)		검봉금(釖鋒金)	
甲戌	乙亥	丙子	丁丑	戊寅	己卯	庚辰	辛巳	壬午	癸未
산두화(山頭火)		간하수(澗下水)		성두토(城頭土)		백납금(白臘金)		양류목(陽柳木)	
甲申	乙酉	丙戌	丁亥	戊子	己丑	庚寅	辛卯	壬辰	癸巳
천중수(泉中水)		옥상토(屋上土)		벽력화(霹靂火)		송백목(松栢木)		장류수(長流水)	
甲午	乙未	丙申	丁酉	戊戌	己亥	庚子	辛丑	壬寅	癸卯
사중금(沙中金)		산하화(山下火)		평지목(平地木)		벽상토(壁上土)		금박금(金箔金)	
甲辰	乙巳	丙午	丁未	戊申	己酉	庚戌	辛亥	壬子	癸丑
복등화(覆燈火)		천하수(天河水)		대역토(大驛土)		차천금(釵釧金)		상자목(桑柘木)	
甲寅	乙卯	丙辰	丁巳	戊午	己未	庚申	辛酉	壬戌	癸亥
대계수(大溪水)		사중토(沙中土)		천상화(天上火)		석류목(石榴木)		대해수(大海水)	

　해중금은 바다속에 잠긴 금을 말하고, 로중화는 화로속의 불, 대림목은 숲속의 큰 나무, 노방토는 길가의 흙, 검봉금은 쇠몽둥이, 산두화는 봉화불, 간하수는 바위틈에서 흘러나오는 물, 성두토는 성벽의 흙, 백랍금은 하얀납, 양류목은 버드나무, 천중수는 우물속의 물, 옥상토는 지붕위의 흙, 벽력화는 번갯불, 송백목은 소나무, 백양목, 장류수는 강물과 같이 흐르는 물, 사중금은 모래속의 금, 산하화는 산에 걸린 태양 즉 노을, 평지목은 평지에 있는 나무, 벽상토는 벽돌흙, 금박금은 금분, 목등화는 등불, 천하수는 은하수, 대역토는 철길에 있는 흙, 차천금은 비녀의 금붙이, 상자목은 뽕나무, 대계수는 큰 강물, 사중토는 모래흙, 천상화는 별, 석류목은 석류나무, 대해수는 큰 바다물을 의미한다.

※ 참고

　수에는 선천수가 있고 후천수가 있다. 선천수는 선천적으로 타고났다, 정적이다라는 뜻이 있고 후천수는 후천적으로 만들어진 수, 동적이다라는 의미가 있다. 육십갑자를 수로 표시할 때는 선, 후천수를 합해서 계산하는 방법을 쓰나 지금은 후천시대이기 대문에 후천수만 쓴다.

　남음오행의 계산방법은 다음과 같다. 예를 들어 갑자을축해중금의 경우 갑자을축의 선, 후천수를 합한 수 34를 대연수 50에서 태극수 1을 뺀 49에서 뺀다. 49-34=15이다. 15 나누기 5하면 3이된다. 5로 나누는 것은 오행중 어디에 속하는가를 알기 위해서이다. 5로 나누어서 3으로 똑떨어지는 경우는 5번 토

(土)에 속하고 토가 낳은 금(金)이 납음오행이 된다. 갑자와
을축이 결혼하여 낳은 자식이 금이 된다고 생각하면 된다.

1) 선천수(先天數)

무정병을갑(戊丁丙乙甲)

계임신경기(癸壬辛庚己)

사진묘인축자(巳辰卯寅丑子)

해술유신미오(亥戌酉申未午)

四五六七八九

〈例〉　　　8　9　　　　　　　　　　　　　　　　1 水

납음오행　을갑(乙甲)　8＋8＋9＋9＝34　　　　　2 火

(納音五行) 축자(丑子) 대연수(大然數)：50 ⎤ ⎫   3 木
　　　　　　　　　　　　　　　　　　　　⎬ −49
　　　　8　9　태극수(太極數)： 1 ⎦ ⎭   4 金

49−34＝15　15÷3＝3……◎→ ⑤土

토생금(土生金) → 해중금(海中金)

2) 후천수(後天數)

생수(生數)：一, 二, 三, 四, 五 ⎤
　　　　　　　　　　　　　　　⎬ 후천수(後天數)
성수(成數)：六, 七, 八, 九, 十 ⎦

水　火　木　金　土

대정(大定)수, 토정비결, 하락이수 등에 다양하게 응용된
다.

참고. 장결(掌訣)

• 왼손에 외우는 방법

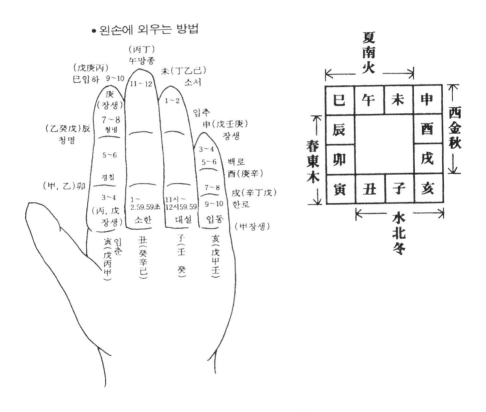

● 시계속의 삼라만상

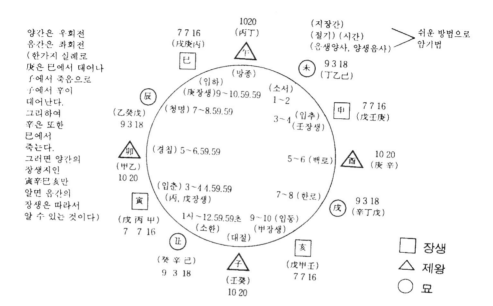

양간은 우회전
음간은 좌회전
(한가지 실례로
庚은 巳에서 태어나
子에서 죽음으로
子에서 후이
태어난다.
그리하여
후은 또한
巳에서
죽는다.
그러면 양간의
장생지인
寅辛巳亥만
알면 음간의
장생은 따라서
알 수 있는 것이다)

(지장간)
(절기) (시간)
(음생양사, 양생음사)

쉬운 방법으로
암기법

□ 장생
△ 제왕
○ 묘

7 7 16
(戊庚丙)
巳

1020
(丙丁)
午

未
9 3 18
(丁乙巳)

辰
(乙癸戊)
9 3 18

(위하)
(庚장생)9~10.59.59
(청명) 7~8.59.59

(방종)

(소서)
1~2

(입추)
3~4
(壬장생)

申
7 7 16
(戊壬庚)

卯
(甲乙)
10 20

(경칩) 5~6.59.59

5~6 (백로)

酉
10 20
(庚 辛)

寅
(戊丙甲)
7 7 16

(입춘) 3~4 4.59.59
(丙,戊장생)

7~8 (한로)

戌
9 3 18
(辛丁戊)

丑
(癸辛己)
9 3 18

1시~12.59.59초
(소한)
(대절)

9~10 (입동)
(甲장생)

亥
(戊甲壬)
7 7 16

子
(壬癸)
10 20

제3장 음양오행과 상생상극(陰陽五行과 相生相克)

1. 오행은 무엇을 상징하는가?

구분 음양 五行		천간	지지	띠별	오방	오계	오색	오성	오정	오장육부	오미	오진	오성	오음
木	양	甲	寅	호랑이	동(東)	춘(春)	청(靑)	인(仁)	노(怒)	간(肝) 담	산(酸)..신맛	색(色)..색	각(角)..ㄱㅋ	아(牙):어금니
	음	乙	卯	토끼										
火	양	丙	午	말	남(南)	하(夏)	적(赤)	예(禮)	락(樂)	심(心) 소장	고(苦)..쓴맛	성(聲)..소리	미(微)..ㄴㄷㅌ	설(舌):혓소리
	陰	丁	巳	뱀										
土	양	戊	辰 戌	용 개	중앙 中央	사유 四維 三月 九月 十二月 六月	황(黃)	신(信)	회·사(意·思)	비脾 위(胃)	감(甘)..단맛	향(香)..냄새	궁(宮)..ㅇㅎ	후(喉):목구멍
	음	己	丑 未	소 양										
金	양	庚	申	원숭이	서(西)	추(秋)	백(白)	의(義)	비(悲)	폐(肺) 대장	신(辛)..매운맛	미(味)..맛	상(商)..ㅅㅈㅊ	치(齒):잇소리
	음	辛	酉	닭										
水	陽	임(壬)	자(子)	쥐	북(北)	동(冬)	흑(黑)	지(智)	공(恐)	신(腎) 방광	함(鹹)..짠맛	촉(觸)..촉감	우(雨)..ㅁㅂㅍ	순(脣):입술
	음	癸	亥	돼지										

※ 육부중 삼초(三焦)는 상초, 중초, 하초로 나누는데, 해부학적으로는 없는 장부임.

○ 1. 봄 (春) : 木旺節
　 2. 여름(夏) : 火旺節
　 3. 가을(秋) : 金旺節
　 4. 겨울(冬) : 水旺節

하나의 예로 삼팔선과 판문점을 풀어보자. 우선 동(東), 서(西), 남(南), 북(北) 방위에 후천수(後天數)[일육수(一六水), 이칠화(二七火), 삼팔목(三八木), 사구금(四九金)]이 들어있다. 즉 동방삼팔목(東方三八木)으로 보아 삼팔선이 생겼다고 볼 수 있다. 판문점의 획수는 각각 8획이다.

다음으로 계절과 색과의 관계를 살펴보자. 목기는 봄에 해당되는데 봄의 기운은 모든 만물이 시작되는 단계로 아직 어리고 연약하다. 그래서 새파랗게 젊다는 말이 있다. 또 어린 아기의 볼기짝에 파란반점이 있는 것도 이런 이치이다. 목기(木氣)에 속하는 기운은 해독작용과 소생시키는 작용을 한다. 푸른색 나는 것 — 녹차, 신선한 야채 등이 이에 해당한다.

화기(火氣)는 계절으로는 여름, 색깔은 붉은 색으로 본다. 청소년의 얼굴을 홍안(紅顏)이라고 말하듯 혈기 왕성한 성장기를 의미하고 화가 나면 얼굴 색이 붉어지는 것도 같은 이치이다.

금(金)은 계절은 가을, 색깔은 흰색이다. 금은 살기(殺氣)를 주도하고 하얀색은 죽음을 의미한다. 시신의 색깔은 희고 서리맞은 곡식은 하얗게 말라죽는다. 또한 백설탕, 백미, 흰소금 등을 장복하면 몸에 해롭다고 하는 것이다.

수(水)는 계절은 겨울이고 색깔은 검은색이다. 수의 날에 태어났거나 수(水)가 많거나 겨울에 태어난 사람은 얼굴 색이 검은 사람이 많다. 하루로 볼 때는 밤으로 보기 때문에 검은 색으로 나타난다.

토(土)의 계절은 4계에 걸쳐있고 색깔은 황색에 속하며 작용은 중화작용, 조화시키는 작용을 한다.

오성(五性)은 인(仁), 의(義), 예(禮), 지(智), 신(信)으로 본다. 조선시대 한양4대문에 오성을 적용시켜 동대문은 흥인문(興仁門), 남대문은 숭례문(崇禮門), 서쪽에는 홍의문(弘義門), 북쪽에 홍지문(洪智門), 중앙에는 문이 없으므로 보신각(普信閣)을 두었다.

오정(五情)에서 木은 화냄, 성냄으로 보고 화(火)는 락(樂)으로 본다. 土는 희(喜), 사(思)로 본다. 고민을 하고 생각을 많이 하면 얼굴색이 노래진다. 금(金)은 비(悲)로 보고 수(水)는 공(恐)으로 본다. 또한 수(水)의 색갈은 검은색, 어둠의 색갈이다. 따라서 어둠에 공포를 느끼는 것은 당연하다.

오장육부(五臟六腑)에서는 목(木)은 간담(肝膽), 화(火)는 심(心), 소장(小腸), 토(土)는 위장(胃腸), 비장(脾腸), 금(金)은 대장(大腸), 폐장(肺腸), 수(水)는 신장(腎腸), 방광(肪光)으로 본다. 간담이 나쁘면 화를 잘내고 눈빛이 파래진다. 화(火)를 락(樂)으로 보기 때문에 웃음과 통한다. 화에 속하는 사람이 심장이 약하면 히죽히죽 잘 웃게 된다. 위가 나쁘면 생각이 많게되고 얼굴이 누래진다. 폐병환자는 얼굴이 창백해지고 슬픔에 잠긴 얼굴이 된다. 콩팥이나 방광에 병이들면 눈빛 등이 검어진다. 또 水는 응고작용을 하기 때문에 신장병에 걸리면 입술이 오그라지고 다리 등을 오므리고 자게 된다.

오미에서 木은 신맛, 火는 쓴맛, 土는 단맛, 金은 매운맛, 水는 짠맛으로 푼다. 신맛나는 것은 독을 풀고 소생시키는 작용을 한다. 예를 들면 연탄깨스를 마섰을 때 식초나 김치국물 등을 먹고, 생선회나 고기를 먹을 때 양념에 식초를 넣는 것은 독을 없애기 위해서다. 또 목은 부드럽게 하는 작용이 있다. 즉 어릴때는 몸이 유연하다. 식초는 모든 것을 부드럽게 하는 작용을 한다. 화는 쓴맛으로 심장의 박동을 활발하게 하고 위를 보(補)하는 작용을 한다. 담배나 커피가 이에 속하여 기(氣)를 돌게 한다. 씀바귀, 익모초, 쑥 등은 위를 보하는 작용을 한다. 화(火)는 또한 부풀리는 작용을 한다. 열을 가하여 뻥튀기하면 커지는 이치이다. 토(土)는 조화시키는 작용을 한다. 김치나 찌개 등에 단맛나는 설탕을 넣어야 맛이 난다. 그러나 단맛은 부패작용도 하기 때문에 단것을 많이 먹으면 빨리 병든다. 금(金)은 매운 맛이며 분석 작용, 파고드는 작용을 한다. 김치를 만들 때에는 고추를 넣어야 다른 맛이 배추에 잘 배게 된다. 수(水)는 짠맛에 속하고 응고, 저장작용을 한다. 짜게 먹으면 오장육부가 굳으니까 나쁘다. 생선 등을 소금에 절이면 오래 저장하여 두고두고 먹을 수 있다. 국수를 삶을 때 소금을 약간 넣으면 쫄깃쫄깃하여지고 삶아서 찬물에 넣어야 굳는 것도 같은 이치이다. 오성(五聲)과 오음(五音)을 살펴보자. 경상도를 목(木)으로 본다. 목음은 어금니 소리, ㄱ, ㅋ으로 보기 때문에 경상도 사투리에 [했다카이, 해가] 등 ㄱ, ㅋ 발음이 많다. 화(火)는 남쪽 전라남북도이기 때문에 [하더라고, 뭐뭐랑께] 등 ㄴ, ㄷ, ㄹ, ㅌ 발음이 많다. 토(土)는 충청도로 봄으로 [이랬유, 저랬유] 하는 ㅇ, ㅎ 발음이 많다. 금(金)은 경기도로 보아 [하셔요, 자, 뭐뭐합시다] 등 ㅅ, ㅈ, ㅊ 발음이 많다. 수(水)는 북방 즉 이북으로 보는데 [했지비, 했음메] 등 ㅁ, ㅂ, ㅍ 발음이 많다. 이렇게 어떤 사람의 발음을 들으면 그 사람의 출신지 뿐 아니라 그 사람의 사주팔자도 짐작할 수 있는 것이다.

오행의 적용은 모든 곳에 통하기 때문에 오행에 통달하면 만사에 통하는 것이다.

2. 천간(天干)이 상징하는 것들

십간을 음양과 오행으로 나누어서 상징적인 이름을 붙인 것이다. 절대적인 것은 아니다. 예를 들어 乙(木)은 초목으로 보지만 乙목이 많다면 甲(木), 즉 대림목의 형상을 띄는 것이다.

干名	甲	乙	丙	丁	戊	己	庚	辛	壬	癸
象意	대림목 大林木	초목 草木	태양 太陽	등촉 燈燭	성원 城垣	전원 田園	검봉 釖鋒	주옥 珠玉	대해 大海	우로 雨露
의미	고목·死木·木村·갑옷	화초·덩쿨·잎·꽃·싹·채소	태양·光·밝은불·허황·허풍	달·횃불·등촉·산소불	제방·산·건물·벽·제방	전답·초원·초지·땅	칼·연장·총·주사·톱	보석·세공품·바늘·침·면도날	江湖·大海水·호수	시냇물·샘물·실개천·빗물

3. 글자풀이로 본 천간의 뜻은?

중국의 문자는 상형문자이기 때문에 모든 글자의 자원이 있다. 어떠한 모습을 어떤자로 명명할까 했을 때 가장 의미에 부합된 자를 썼을 것이다.

간명	자원	뜻
갑 (甲)	절 (折)	출생, 자르는 아픔을 뜻하고, 강직한 성품, 우뚝 속은 상, 여자의 경우 남성적인 성격을 가졌다. 독립심 강하다. 예 : 목사, 전도사
을 (乙)	얼 (孼)	2~3세 유년기, 연약한 싹을 의미, 연약하고 부드럽고 예쁘다. 남을 의지하기 좋아한다. 예 : 화초, 채소상, 기생
병 (丙)	병 (炳)	소년시절, 태양 빛과 같이 환히 비추고, 남앞에 나서기를 좋아하고, 과시욕, 화려하고, 밝으며, 비밀이 없다. 다소 허황되고, 허풍기도 있다. 혀가 길다. 예 : 탈랜트, 가수, 웅변가
정 (丁)	장 (壯)	장정, 속으로 불을 간직하고 있다. 어둠속의 빛, 은은하고 온화한 분위기, 달빛, 차가운 빛, 만물을 여물게 한다. 예 : 종교인(스님), 야간영업하는 장사
무 (戊)	무 (茂)	무성, 살찌고 번창, 팽창, 얼굴이 둥글고 두툼하고 넓다. 육중, 마음이 믿음직하다, 답답한 면도 있다. 코가 넓다. 예 : 중계인

간명	자원	뜻
기 (己)	기 (紀)	기식(紀識), 성장의 완성, 가장 낮은 땅, 소극적, 겸손, 희생적, 납작하다. 빈약해 보이는 수도 있다. 예 : 현모양처, 규수감
경 (庚)	견 (堅)	견고, 열매가 맺어 굳어진 상태, 용감하고 단단해 보인다. 가까이 하면 다칠 것 같은 위험성 예 : 군인, 경찰, 공업(선반기계류) 　　朴대통령(庚金生)
신 (辛)	통 (痛)	참신, 가공된 금으로 샤프하고 세련됐다. 민감하고 목소리도 날카롭다. 즉 앙칼지고 찌르는 듯한 말투 예 : 보석상, 재봉사, 침구사, 면도사
임 (壬)	임 (姙)	회임(懷姙), 음양의 상교(相交) 음이 극하여 양이 시생(始生)하는 동절기의 작용. 하해와 같아 포용력 좋고, 속이 깊다. 이해심이 있으나 반면 응큼하다. 목소리는 콸콸하고 털털하다.
계 (癸)	규 (揆)	춘목절(春木節)의 준비 이슬, 빗물과 같다. 목소리가 시냇물 흐르듯 쫄쫄 거린다. 일에 재는 것과 따지기를 좋아한다. 예 : 역대 검찰총장, 검사가 많다.

4. 지지(地支)가 상징하는 것들

지지도 천간과 마찬가지로 오행과 음양을 나누어 가장 가까운 상징적이고, 대표적인 이름을 붙인 것이다.

地支	子	丑	寅	卯	辰	巳	午	未	辛	酉	戌	亥
띠이름	쥐	소	호랑이	토끼	용	뱀	말	양	원숭이	닭	개	돼지
상징	천泉 수水	동凍 토土	목木 근根	초草 근根	습濕 토土	지地 열熱	화火산山화火	조燥 토土	광壙 석石	금金 석石	사死 토土	해海 수水
뜻	야행·수집·번식	일복·곤고·끈기·우직·희생·회고(되새김질)	용맹·저돌·위협·자식에게냉정	채식·소심·겁많고·궁리·생각	신비·공상·존귀·모습을감춤·능글맞다	민첩·날카롭고·기회포착빠름·미움살 수 있음	고달프고·활동·분주·쾌활·개방적	온순·착실·성실·근검·희생·순종	재주·변덕·고독·고생·희생·깨트린다	고상·자존심·멋·첨단성	의리·관리하고 지킨다·충성심	무사안일·식복·식성좋고·호인

참고 : o 寅月生은 호랑이처럼 목털미 두툼하고 이마에 주름이 있다.
　　　o 띠가 상징하는 동물의 특성에 따라 生時가 좋아야 한다.
　　　　쥐띠 : 밤이어야 좋고 가을이면 좋다
　　　　소띠 : 여물을 주는 때면 좋고, 봄, 여름은 고달프다.

5. 글자풀이로 본 지지(地支)의 뜻은?

지지의 자원도 천간의 자원과 같이 숨겨진 의미를 찾는데
쓴다.

지지	자원	意
子	자(紫)	자양, 젖, 순수, 식수
丑	축(紐)	屈紐, 유대, 굳은 표정 얼굴 피부 긴장, 추워서 굳어 보인다. 동상에 걸릴 염려.
寅	빈(濱)	종지뼈 마디, 얼굴이 울퉁불퉁, 관절염
卯	모(冒)	모두(冒頭), 풀뿌리, 약초뿌리, 원예, 약재
辰	신(伸)	진(振), 지방질 피부, 늘어진 기운, 습진
巳	이(已)	확장 진출의 극으로 성장이 멈춤
午	오(旿)	음양이 교차됨, 서로 놀라 미워함, 활달
未	미(味)	매몰, 마른 버짐, 기미, 주근깨, 분식, 밀가루, 분말
申	신속(伸束)	신속(伸束) : 거둬들일때, 잡아들일 때 신속. 거칠고 딴딴하다
酉	취(就)	성취(成就), 다마쳤다, 제련된 금붙이
戌	멸(滅)	멸진(滅盡), 휴식, 저장, 은둔, 죽은 흙
亥	핵(核)	핵(核), 감추어진 알맹이

6. 오행에 따라 사람은 어떤 특성을 가지는가?

태어난 날의 일간(日干)에 따라 사람들은 대체적으로 다음과 같은 특성을 가진다. 그러나 절대적인 것은 아니며 격국, 용신 및 타 오행의 강약에 따라 달라짐에 주의하여야 한다.

十干	특　　　　성	비　고
갑(甲)	독립, 강직, 고집, 독단, 낭비, 두각	
을(乙)	민감, 유약, 소박, 인자, 의지, 담백	
병(丙)	변설, 과장, 허영, 명랑, 개방, 적극	양중양(陽中陽)
丁(정)	정열, 소극, 개혁, 폭조, 집요, 연구	
戊(무)	우둔, 고중, 덕망, 신의, 중립, 중용	中
己(기)	온화, 충실, 근검, 비굴, 순종, 겸손	
庚(경)	결단, 과감, 용단, 개혁, 의협, 정의	강중강(剛中强)
辛(신)	실제, 단순, 청결, 분석, 치밀, 섬세	
壬(임)	포용, 지략, 활달, 사려, 음험, 이해	
癸(계)	지식, 시비, 겸손, 분별, 냉정, 소극	음중음(陰中陰)

해당 천간이 일간에 있을 때 위의 성격이 강하게 나타나고 기타 年, 月, 時干에 있을 때도 영향을 받으며 많을수록 특성이 강하게 나타난다. 사주에 해당 천간이 없으면 그 성격이 부족한 것으로 본다.

오행은 사주의 어디에 있든지 그 특성을 가지나 특히 일간에 있을때 가장 강하게 나타난다. 일간을 사람의 얼굴로 생각하면 된다.

1) 목기(木氣)의 성격

木은 그 성격이 인(仁)에 속한다. 맛은 신맛이다. 측은심이 있고 자비스러우며 자상하다. 얼굴과 기상이 화락하고 단아하다. 사물을 잘 다루어서 유익하게 하는 공이 있다. 사람을 이롭게 하고 고아나 과부, 홀아비 등을 도와준다. 온화하고 조용하여 청고한 생활을 즐기며 인물이 청수(淸秀)하다. 체격은 키가 후리후리하고 안색은 창백하며 목이 긴 것이 특색이다. 따라서 목주(木主)가 왕성하면 어진 마음이 많으나 태과할 땐 꺾어지는 것이니 성질이 편벽된다. 불급신약(不及身弱)하면 인자한 마음이 부족하여 질투심이 나온다.

태과(太過)[1] : 집요, 편굴하고 고집이 세다. 지나치게 강직하여 굽히고 타협할줄 모르고 타인의 충고를 듣지 않는다.

불급(不及)[2] : 의지가 약하고 변덕이 많고 의타심이 있다. 질투하고 은둔적인 생활을 하며 학문, 종교, 예술을 좋아한다.

---

1. 태과(太過) : 사주 풀이는 일간을 중심으로 타간지 [년주, 월주, 일주, 시주]와 비교하여 판단하는데 오행의 상생 상극을 보아서 인간의 모든 것 즉 성격, 육친관계, 건강, 직업 내지 적성, 수명, 운세 등을 판단한다. 이때 태과란 일간 오행이 생을 받고 오행상 같은 것이 많을 때 태과라고 한다. 주의할 것은 월지오행은 타 간지에 있는 오행 4개와 맞먹는다고 보면 된다.
2. 불급(不及) : 태과의 반대로 일간을 생하거나 같은 오행이 없고 일간을 극하는 오행이 많을 때 불급이라고 한다.

화다(火多) : 총명하고 문장이 뛰어나다. 비판, 평론하는 능력이 있다. 겉으로 꾸미기를 좋아하고 허영심이 있다.

토다(土多) : 자기를 과신한다. 재물(財物)에 집착이 있으며 인색하고 검소한 편이다. 매사에 유능하고 끈기와 인내심이 있다.

금다(金多) : 결단력이 있으나 행동은 명쾌하지 않다. 좌절하게 되며 막히고 위축된 생활을 한다.

수다(水多) : 중심이 흔들리고 실천력은 적고 생각만 많다. 군자와 같은 생각을 가지고 있으나 주위에서 알아주지 않는다. 왜곡하는 결점이 있으며 행동에 절도가 없다.

2) 화기(火氣)의 성격

火는 염상(炎上)[1] 하는 상이다. 맛은 쓴 맛이다. 마음은 사양심이 많으며 공경심과 위엄이 있다. 웃는 모습에 낙천적인 기질이 많다. 항상 명랑하고 실천력이 좋고 부지런하며 활동적이다. 자기를 드러내고 앞에 나서기를 좋아한다. 얼굴은 위가 뾰족하고 아래는 둥글며 인당(印堂)[2]은 좁고 콧구멍은 드러난다. 정신은 번쩍번쩍 빛나는 듯하다. 언어의 발음이 급하고 음성이 높으며 성격도 급하다. 색(色)은 붉은 색이다. 앉아 있을때 무릎을 흔든다. 태과(太過)하면 과장과 허영이 많고

---

1. 염상(炎上) : 위로 불길이 치솟아 올라가는 모습
2. 인당(印堂) : 관상에서 양눈섭사이 바로 윗부분

성질이 불같이 급하고 얼굴색이 붉다. 불급(不及)하면 누렇게
말라 있고 얼굴이 뾰족하며 질투심이 혹독하고 모든 것이 성
과가 적다.

태과(太過) : 폭조하고 지나쳐서 주위사람이나 물건을 상
하게 만든다. 즉흥적으로 실행에 옮기어 실패
가 있다. 과장하고 허례허식이 많으며 허풍을
떨고 허둥대어 주위사람의 미움을 산다.

불급(不及) : 기교를 좋아하고 위사스럽다. 작은 재주를 뽐
내고 같은 말을 반복하고 쉰목소리를 낸다.

목다(木多) : 잘난체하고 자만심이 강하며 스스로 위세를
떨치고 싶어한다. 시비와 의론을 좋아하는 다
분히 정치적인 사람이다.

토다(土多) : 비밀이 적고 언행이 불일치하다. 경솔하여 구
설수에 오른다. 남의 일에 참견이 심하고 비
판적이며 냉소적이다. 행동이 먼저 앞선다.

금다(金多) : 사람을 다루는 능력은 있는데 남을 시키기를
좋아하고 타인에게 무리한 행동을 보여 미움
을 산다. 비방받기 쉬운 성격이다.

수다(水多) : 마음이 조급하고 소심하여 덕행을 하여도 균
형이 맞지 않는다. 기교를 부리나 졸렬하다.
계획이 심오하여도 결과는 도리어 해를 가져
온다. 좌절이 많다.

3) 토기(土氣)의 성격

토일주(土日主)는 가색(稼穡)[1](백곡을 심고 거두는 일, 즉

만사를 성취하여 실업적으로 소득을 거두는 일)에 해당한다. 맛은 단 맛이다. 믿음이 있으며 성실하고 후중하며 언행이 신중하다. 신불(神佛)을 신앙하는 마음이 있다.

둥이 둥글고 허리가 굵다. 코가 크고 입은 모가 났으며 미목(眉目)이 청수(淸秀)하다. 얼굴은 담이나 벽과 같이 광활한 가운데 누런색이다. 처세술이 경망스럽지 않고 도량이 관대하다.

태과 하면 지나치게 순박하고 고집이 지나쳐서 어리석고 답답한듯 보인다. 불급하면 안색에 근심이 보이고 코는 낮으며 얼굴도 이그러진 듯 균형을 잃으며 음성도 탁하고 신기(神氣)가 있다.

태과(太過) : 집요하며 반성을 못하므로 사물에 막힘이 많고 우둔하다.

불급(不及) : 사리에 맞지 않는 행동을 하며 비굴하고 인색하며 자기위주로 일을 처리한다. 만사를 귀찮게 생각하고 저급한 사고방식을 가졌다.

목다(木多) : 노력은 많이 하나 성공이 없고 근본을 잃고 지엽 말단적인 일만 한다. 정에 약하고 타인의 일을 보아주며 비관적인 생각을 한다. 얼굴이 얽었거나 이목구비가 낮은 타입이다.

화다(火多) : 노력이 없이 주위사람의 도움으로 생활한다. 실속이 없어 공허하고 언제 무너질지 모르는 위험 속에 산다. 결단력과 실행력, 남에게 베풀고 봉사하는 마음이 부족하다. 자신을 과신

---

1. 가색(稼穡) : 토의 작용으로 만물을 길러주는 작용

하는 이기적인 성격이다.

금다(金多) : 남에게 베풀기 좋아하고 주위에 신경을 많이
쓰며 이것저것 간섭한다.

수다(水多) : 공명심이 강하고 주위사람들을 괴롭힌다. 여
자에 빠지고 재물 등으로 패가 망신한다. 재
주가 졸렬하다.

4) 금기(金氣)의 성격

개혁(改革)하는 성격이다. 맛은 매운맛이다. 정의로우며 수
치심을 안다. 의(義)를 중히 여겨 재물을 소홀히 한다. 영웅
호걸의 기상이 있으며 염치심을 가지고 있다. 절도와 결단력
이 있으며 골육이 상응하여 얼굴은 모가 났다. 얼굴색은 희고
눈섶은 높고 눈은 깊다. 코가 우뚝하며 귀는 솟아 있다. 음성
은 맑아서 쇳소리나는 것 같고 결단심이 강하다. 태과(太過)
하면 마음이 독하며 의협심이 강하다. 불급하면 생각만 많고
결단력이 없으며 인색하다. 일에 임하여 좌절이 많다.

태과(太過) : 용기를 자랑하고 지나치게 설치는 편이다. 너
무 강하게 행동하기 때문에 손실을 초래한다.
살생을 좋아하고 개혁하려는 마음이 강하다.

불급(不及) : 결단력과 의리는 있으나 실행에 옮기지 못한
다. 일에 끼어들고는 뒷감당을 하지 못한다.
생각이 단순하여 실패한다.

목다(木多) : 타산적이며 금전에 집착심이 강하다. 시비(是
非)와 경우에 밝으며 이해득실을 판별하는 능
력이 있다. 인심(仁心)이 결여된 것이 흠이다.

화다(火多) : 조급하고 주위에 괴로움을 많이 끼친다. 권력에 아부하며 권력가와 인연을 맺고 세력을 떨치고자 한다. 독자적으로는 뜻을 펴기 어렵다.

토다(土多) : 自己자신을 과신하고 이기적이다. 허풍과 과장으로 딴 사람을 이용하여 높은 지위를 유지하려 한다. 남에게 베푸는 것이 적다.

수다(水多) : 총명하고 영리하나 행동이 앞선다. 깊은 생각과 계획이 없으니 나중에 후회하게 된다. 경솔하다는 평을 듣고, 남의 일에 간섭이 심하여 미움을 산다.

5) 수기(水氣)의 성격

수(水)는 윤하(潤下)[1] (물은 높은 곳에서 낮은 곳으로 흐르고 깨끗이 씻어주고 적시어 준다)의 특성이 있다. 맛은 짠 맛이다. 지혜로우며 시비에 분명하다. 지혜가 많으므로 모사(謀事)가 깊으며 마음속은 깊은 바다와 같다. 학문을 좋아하며 박식하다.

태과(太過)하면 허위가 많고 방탕하다. 의지가 약하다. 한 가지 일에 몰두하거나 안정된 생활을 하지 못한다. 음모와 색(色)을 좋아한다. 불급(不及)하면 무모한 행동을 하고 얕은 모계를 쓰나 제 꾀에 자기가 넘어간다 말을 반복하고 따지기를 좋아 한다.

---

1. 潤下 : 물의 모든 작용, 수분을 제공하고 아래, 낮은 곳으로 흐르는 성질

태과(太過) : 시비가 지나치다. 항상 모계와 꾀를 써서 해
결하려 하나 지나쳐서 중심을 잃고 실패한다.
음험하여 의심을 산다. 일의 진행에 변화가
많고 속과 겉이 다르다.

불급(不及) : 온순하나 말을 반복하고 항상 도사리고 의심
이 많다. 소극적인 성격이 강하여 손해를 본
다. 자기를 지키기에만 급급하다.

목다(木多) : 지혜와 모계를 많이 쓰나 결과는 졸렬하다.
속이 좁으며 아는 체하기 좋아한다. 남을 돕
고 생색을 내며 대가를 바란다.

화다(火多) : 형식과 허례에 흐르며 정신이 산만하다. 항상
초조하고 불안하여 안정성이 없고 정신적 갈
등이 많다. 돈을 벌어도 재산이 늘수록 불안
하고 걱정이 많다.

토다(土多) : 일이 막히고 지체된다. 옳다고 주장하는 일이
통하지 않고 우물안 개구리식의 사고방식이
많다.

금다(金多) : 총명하고 포부가 크나 음한 마음이 있다. 태
만한 성격에 지식을 자랑하고 지(智)는 있어
도 발표 표현이 약하다.

7. 오행은 서로 상생(相生) 상극(相剋)한다.

천지만물은 오행의 다섯가지 성분 즉 木, 火, 土, 金, 水로
이루어진 것이다. 음양과 오행은 만물이 생성사멸하는 근본

원리이다. 또한 인간의 부귀빈천과 수요장단(壽夭長短)도 이 원리에 기인한다. 그 성질작용이 친화상생의 관계에 있는가 배반, 상극의 관계에 있는가 하는 이치를 잘 알아야 사주(四柱) 판단이나 기타 길흉화복을 정확히 예지할 수 있다. 아래의 도표 그림은 오행(五行)의 상생(相生), 상극(相克)을 쉽게 이해할 수 있도록 그림으로 묶은 것이다. 오행 개개중심(五行個個中心)으로 그려 놓았으니 쉽게 이해할 수 있을 것이다. 오행의 상생 상극은 사주명리학 공부에서 가장 기초적이고 중요한 것이기 때문에 반드시 암기하여야 한다.

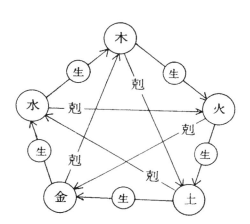

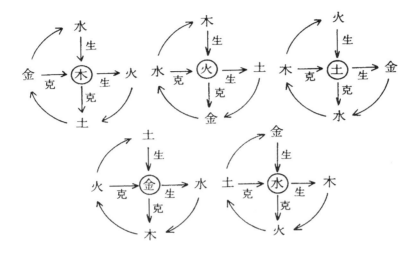

1) 상생(相生)

  상생(相生)이란 평화적(平和的)이고 합법적(合法的)이며, 전진적이고, 순리적인 질서를 유지하여 서로 生해 준다는 뜻이다. 도와준다, 만든다, 낳는다의 의미가 있다.

  ① 오행의 유행순서(五行의 流行順序)

  ② 만물의 성장과정 : 가계의 형성, 사계변화, 밤낮의 바뀜

  ③ 이어준다 즉 자라고, 발전하고, 분열하는 뜻을 의미한다.

   목생화(木生火) : 나무는 불을 타게 하고

   화생토(火生土) : 불이 타면 재가 남고

   토생금(土生金) : 쇠는 땅에서 캐내고

   금생수(金生水) : 쇠가 녹으면 물이 되고

   수생목(水生木) : 물은 나무를 키운다.

  ○성명학에서도 기본 돌림자(字)는 상생(相生)의 원리에 근거하여 역행하지 않게 정(定)하여 쓴다.

2) 상극(相克)

만물은 상극이라는 대립과 모순 속에서 자란다. 克이란 해치려는 것이 아니고 오히려 생성하려는 목적이므로 말하자면 필요악이다.

① 정지작용
② 응고작용
③ 딴딴하게 하고 곡식을 여물게 하는 작용

목금토 : 목은 흙에 뿌리를 내려 존재한다.
토극수 : 흙은 물을 그치게 한다.
수극화 : 물은 불을 끈다.
화극금 : 불은 금을 녹인다.
금극목 : 금은 나무를 자른다.

목(木)이 자기의 형과 화(火)의 신(神)을 조성하자면 금(金)으로 쪼개고 다듬어야 한다. 화(火)는 수(水)의 극(克)을 받음으로써 토(土)를 생(生)하고 토(土)는 목(木)의 극을 받음으로써 금(金)을 생한다. 금(金)은 화(火)의 극(克)을 받음으로써 수(水)를 생한다. 또한 수(水) 역시도 토(土)의 극을 받아 목(木)을 생(生)할 수 있는 것이다.

즉 성장과 팽창, 발전의 이면에는 억제와 정지시키는 작용이 존재하는 것이다.

상생(相生)은 자라고 발전하고 분열하는 과정이며 상극(相克)은 성물(成物)의 과정으로 克의 작용이 없으면 공중에 흩어지고 허물어져서 존재할 수 없다.

3) 상모(相侮)

극(克)하는 입장에 있던 것이 반대로 능모(凌侮)를 당하는 것이 상모(相侮)의 작용이다.

예를들면 수극화(水克火)하던 水가 火에게 도리어 능모(凌侮) 당하는 것을 화모수(火侮水)라고 한다. 즉 수(水)는 화(火)를 극(克)하나 불길이 강하면 수(水)가 증발하는 것과 같은 이치이다.

화극금(火克金) ― 금모화(金侮火)

금극목(金克木) ― 목모금(木侮金)

목극토(木克土) ― 토모목(土侮木)

토극수(土克水) ― 수모토(水侮土)

수극화(水克火) ― 화모수(火侮水)

4) 상모(相母)

예를 들어 수(水)는 원래 목(木)을 생(生)하는 것인데 목(木)이 생(生)하기 위하여 수(水)의 자양분을 빨아 먹음으로써 수(水)가 빈약하게 되는 경우로 목모수(木母水)라고 한다.

목모수(木母水), 수모금(水母金), 금모토(金母土), 토모화(土母火), 화모목(火母木)

5) 변극(變極)

한가지 오행이 지극하면(많으면) 다른 오행을 만들어 낸다. 이를 변극이라 한다.

토극생수(土極生水), 수극생화(水極生火), 화극생금(火極

生金), 목극생토(木極生土)

토(土)가 지극하면 금(金)으로 변화하여 수(水)를 생(生)하고

수(水)	"	목(木)	"	화(火)	"
화(火)	"	토(土)로	"	금(金)을	"
금(金)이	"	수(水)로	"	목(木)을	"
수(水)가	"	목(木)으로	"	화(火)를 생(生)

한다.

6) 오행생극제화의기(五行生克制化宣忌)

오행의 기본작용은 상생상극 작용이지만 예외로 생하는 것이 많을 때 오히려 약하게 된다. 나아가 극하는 것보다 극을 받는 것이 더 많으면 오히려 제압 당하는 경우이다.

금뢰토생 토다금매(金賴土生 土多金埋)

: 土多하면 金이 묻힌다.

토뢰화생 화다토초(土賴火生 火多土焦)

: 火多하면 土가 된다.

화뢰목생 목다화치(火賴木生 木多火熾)

: 木多하면 불이 꺼진다.

목뢰수생 수다목표(木賴水生 水多木漂)

: 水多하면 나무가 물에 뜬다.

수뢰금생 금다수탁(水賴金生 金多水濁)

: 金多하면 물이 탁해진다.

금능생수 수다금항(金能生水 水多金沉)

　　　: 水多하면 金이 물에 빠진다.

수능생목 목다수축(水能生木 木多水縮)

　　　: 木多하면 물이 말라 버린다.

목능생화 화다목분(木能生火 火多木焚)

　　　: 火多하면 나무가 탄다.

화능생토 토다화회(火能生土 土多火晦)

　　　: 土多하면 불이 흐려진다.

토능생금 금다토약(土能生金 金多土弱)

　　　: 金多하면 土는 약해진다.

금쇠우화 필견쇄용(金衰遇火 必見鎖鎔)

　　　: 衰한 金이 불을 보면 金이 녹는다.

화약봉수 필위식멸(火弱逢水 必爲熄滅)

　　　: 弱한 火가 水를 보면 불이 꺼진다.

수약봉토 필위어색(水弱逢土 必爲瘀塞)

　　　: 弱한 水가 土를 보면 물이 막힌다.

토쇠봉토 필조경함(土衰逢土 必遭傾陷)

　　　: 土가 쇠한데 木을 보면 무너진다.

목약봉토 필위파절(木弱逢土 必爲破折)

　　　: 木이 약한데 金을 보면 부러진다.

금능극목 목견금결(金能克木 木堅金缺)

　　　: 木이 단단하면 金이 부서진다.

토능극목 수다토류(土能克木 水多土流)

　　　: 水多하면 흙이 떠내려 간다.

목능극토 토중목절(木能克土 土重木析)
　: 土가 重하면 나무가 부러진다.
수능극화 화염수작(水能克火 火炎水灼)
　: 火多하면 물작 증발한다.
화능극금 금다화식(火能克金 金多火熄)
　: 金多하면 火는 꺼진다.

강금득수 방좌기봉(强金得水 方挫其鋒)
　: 强金이 물을 보면 칼날이 무디어진다.
강수득수 방완기세(强水得水 方緩其勢)
　: 强水가 木을 보면 기세가 약해진다.
강목득화 방설기영(强木得火 方洩其英)
　: 强木이 火를 보면 精英을 뿜는다.
강화득토 방염기염(强火得土 方斂其염)
　: 强火가 土를 보면 빛이 흩어진다.
강토득금 방화기완(强土得金 方化其頑)
　: 强土가 金을 보면 완고가 풀어진다.

　이상과 같이 오행(五行)은 상생(相生), 상극(相克)뿐 아니고 서로 만남에 따라 다양한 변화작용을 한다. 또한 상대의 세력에 따라 상생(相生), 상극(相克)의 원리가 뒤바뀌기도 하므로 자세히 살피지 않으면 오판을 면치 못하게 된다. 곧 오행(五行)의 상호(相互)작용은 우주만물의 변화작용을 그대로 비춰낸 것이기 때문이다.

제4장 역법(歷法)

1. 역법(曆法)이란 무엇인가?

사람의 生年, 月, 日, 時 마다 육갑법상(六甲法上)으로 천간지지(天干地支)를 붙이는 법으로 태음태양력(太陰太陽曆)을 쓴다.

> 태음(太陰) → 월(月)
> 태양(太陽) → 일(日)

1) 태세(太歲)

육십갑자(六十甲子)의 순서에 의하여 태세(太歲)가 정해 있고 60년씩 상원(上元), 중원(中元), 하원(下元)으로 순환한다.

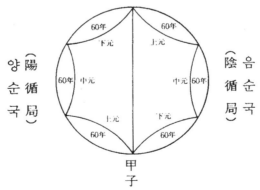

※ 양순국(陽循局)은 순행 : 확산, 번창, 발전
　음순국(陰循局)은 역행 : 정리, 노쇠, 여문다.

1984年 갑자(甲子)는 상원갑자(上元甲子)의 첫해이며 기문(奇門)에서는 중요하게 취급된다. 한해를 기준으로 볼 때에는 입춘(立春)부터 시작으로 보기 때문에 인묘진사오미(寅卯辰巳午未)까지 양으로 보고 신유술해자축(申酉戌亥子丑)을 음으로 구분한다.

2) 월건(月建)

절후(節候)[1]를 기준으로 월건을 세우므로 12절기는 필히 암기하여야 한다.

월별	1月	2月	3月	4月	5月	6月	7月	8月	9月	10月	11月	12月
월지	寅	卯	辰	巳	午	未	申	酉	戌	亥	子	丑
절기별명 節氣別名	입立춘春	경驚칩蟄	청淸명明	입立하夏	망芒종種	소小서署	입立추秋	백白로露	한寒로露	입立동冬	대大설雪	소小한寒

5日을 1후(候)라 하고 삼후(三候)를 일기(一氣)라 한다. 즉 육기(六氣)는 90일이고 이를 시(時)라 한다. 춘하추동(春夏秋冬) 사시(四時)는 일세(一歲)가 된다.

삼후(三候)마다 일기일절(一氣一節)을 둠으로 일년은 이십사절기로 구성된다.

◦인간의 척추도 절후의 숫자 24마디로 ♋ : 12 ♌ : 12
◦84000이란? : 우주총체수, 인간류형수, 땀구명수
1. 절후(節候) : 24절후에는 절과 후가 있다. 절은 위 도표에 있는 것을 말하고 후는 절기 중간에 있는 것으로 예를 들어 입춘과 경칩 사이에 우수(雨水)가 있는 것과 같다.

　　사람은 절기에 따라 변하는 기후에 영향을 받으므로 음력과 양력을 가리지 않고 월절(月節)을 위주로 판단한다.

　　월지(月支)를 알았으면 월간(月干)을 알아야 하는데 이는 순간(循干)을 설명할 때 표로 정리하기로 한다.

3) 일진(日辰)

　　태세와 마찬가지로 육십갑자(六十甲子)의 순서대로 반복하여 돌아가므로 만세력(萬歲曆)에 의하여 알 수 있다.

4) 생시간지(生時干支)

　　지지(地支)의 상징 동물의 발가락 숫자를 기준으로 음양을 나누었다.

時 (五行)	시　　　간	時 (五行)	시　　　간	時 (五行)	시　　　간
子시	23시~01시까지	丑시	01시~03시까지	寅시	03시~05시까지
卯시	05~07시까지	辰시	07시~09시까지	巳시	09시~11시까지
午시	11시~13시까지	未시	13시~15시까지	申시	15시~17시까지
酉시	17시~19시까지	戌시	19시~21시까지	亥시	21시~23시까지

　　양시(陽時)에 해당하는 동물은 발가락이 홀수이고
음시(陰時)에 해당하는 동물은 발가락이 짝수이다.

ㅇ地支 상징동물 발가락수
・쥐 : 앞:5개 뒤:4개, ・소 : 2개, ・호랑이 : 5개, ・토끼 : 4개, ・용 : 5개, 뱀 : 2개(혀가 둘로 갈라져 있다) ・말 : 1개, ・양 : 4개, ・원숭이 : 5개, 닭 : 4개, ・개 : 5개, ・돼지 : 2개

시지(時支)를 알았으면 시간(時干)을 알아야 하는데 이도 순간(循干)을 설명할 때 표로 정리하겠다.

※ 현재 우리나라가 사용하고 있는 시간은 東京 표준시이므로 현재시간에서 30분을 더한 시간이 정확한 시간이라는 주장도 있다.

또 서머타임을 사용한 기간에는 1시간을 빼야 한다.

　　1948년 무자(戊子) 음력 4月 23日～음력 8月 10日
　　1949년 기축(己丑) 음력 3月　3日～음력 8月　2日
　　1950년 경인(庚寅) 음력 2月 14日～음력 8月 12日
　　1951년 신묘(辛卯) 음력 4월　1日～음력 8月　8日

서머타임은 시계바늘만 1시간 빨리 돌린 것이다.

5) 순간(循干)

생일(生日)과 생시(生時)에 천간(天干)을 붙이는 방법이다. 월시(月時)의 지지(地支)는 언제나 변동이 없으나 월간(月干)과 시간(時干)은 순환한다.

　　월간(月干) : 육십갑자(六十甲子) 즉 60개월＝12개월×5년
　　시간(時干) : 육십갑자(六十甲子) 즉 60각(刻)＝12　×5일
　　◇ 연두법(年頭法), 순호법(循虎法)
　　월주(月柱)의 천간(天干) 즉 월간(月干)을 정하는 법
　　갑기지년 병인두(甲己之年 丙寅頭)
　　을경지년 무인두(乙庚之年 戊寅頭)
　　병신지년 경인두(丙辛之年 庚寅頭)
　　정임지년 임인두(丁壬之年 壬寅頭)
　　무계지년 갑인두(戊癸之年 甲寅頭)

월별 연간	1월	2월	3월	4월	5월	6월	7월	8월	9월	10월	11월	12월
甲己년	丙寅	丁卯	戊辰	己巳	庚午	辛未	壬申	癸酉	甲戌	乙亥	丙子	丁丑
乙庚년	戊寅	己卯	庚辰	辛巳	壬午	癸未	甲申	乙酉	丙戌	丁亥	戊子	己丑
丙辛년	庚寅	辛卯	壬辰	癸巳	甲午	乙未	丙申	丁酉	戊戌	己亥	庚子	辛丑
丁壬년	壬寅	癸卯	甲辰	乙巳	丙午	丁未	戊申	己酉	庚戌	辛亥	壬子	癸丑
戊癸년	甲寅	乙卯	丙辰	丁巳	戊午	己未	庚申	辛酉	壬戌	癸亥	甲子	乙丑

◇ 시두법(時頭法), 순시법(循時法)

시주(時柱)의 천간(天干), 즉 시간(時干)을 정하는 법

갑기일생 갑자시(甲己日生 甲子時)

을경일생 병자시(乙庚日生 丙子時)

병신일생 무자시(丙辛日生 戊子時)

정임일생 경자시(丁壬日生 庚子時)

무계일생 임자시(戊癸日生 壬子時)

시간별 日干	子	丑	寅	卯	辰	巳	午	未	申	酉	戌	亥
甲己일	甲子	乙丑	丙寅	丁卯	戊辰	己巳	庚午	辛未	壬申	癸酉	甲戌	乙亥
乙庚일	丙子	丁丑	戊寅	己卯	庚辰	辛巳	壬午	癸未	甲申	乙酉	丙戌	丁亥
丙辛일	戊子	己丑	庚寅	辛卯	壬辰	癸巳	甲午	乙未	丙申	丁酉	戊戌	己亥
丁壬일	庚子	辛丑	壬寅	癸卯	甲辰	乙巳	丙午	丁未	戊申	己酉	庚戌	辛亥
戊癸일	壬子	癸丑	甲寅	乙卯	丙辰	丁巳	戊午	己未	庚申	辛酉	壬戌	癸亥

2. 역법을 응용하여 사주 정하는 법

1) 사주명식(四柱命式)이 의미하는 것

연주(年柱) 근(根)	선조대, 출신가문, 조상의 덕유무, 유소년기의 가정 환경, 과거이며 현재의 원인, 사당, 안방, 상석(上席), 뿌리, 할아버지, 할머니, 은사, 회사의 고문
월주(月柱) 묘(苗)	나의 생가, 부모의 덕 유무, 형제관계, 모태이며 명원(命元)이며 핵심적인 중추, 골격이 된다. 현재의 가까운 원인, 해당인의 사상과 성격, 잠재능력
일주(日柱) 화(花)	자기자신, 배우자(地支) 나의 집, 사실(私室), 나체, 규방, 개인적인 성격, 체질, 용모, 부덕(夫德)관계, 결혼 후의 가정환경, 현재의 상태, 위치, 건강
시주(時柱) 실(實)	자녀, 고용인, 후배, 상속자, 말년운, 자녀덕의 유무, 일의 종말, 문밖, 대인관계, 부하, 미래의 상태, 외부인, 손자대

생년(生年)은 뿌리와 같으니 조상이 되고 월간(月干)은 부(父), 형(兄)으로 보며 월지(月支)는 모(母), 제매(第妹)이고 일간(日干)은 자신(自身), 일지(日支)는 배우자요, 시간(時干)은 자(子), 시지(時支)는 여식(女息)이 되니 뿌리에서 싹이 트고 꽃이 피며 열매를 맺히는 순서에 의하여 근(根), 묘(苗), 화(花), 실(實)이라고 부른다. 연(年)은 대본(大本)이 되고 월(月)은 제강(堤綱)[1]이 되니 시(時)는 보좌역이 된다.

---

1. 제강(堤綱) : 월주를 묘, 싹이라고 본다. 콩을 심으면 콩이 나고 볍씨를 뿌리면 벼가 나듯 사주에 가장 큰 영향을 주는 것이다.

2) 사주 뽑는 법

◇ 연주(年柱)

출생(出生)한 해의 간지(干支)가 바로 연주가 된다. 즉 갑자년(甲子年)에 출생하였으면 갑자(甲子)가 연주(年柱)가 된다. 나이나 출생한 연도에 따라 「만세력(萬歲曆)」에서 쉽게 찾을 수 있다.

주의할 것은 사주에서는 해가 바뀌는 기준이 입춘절(立春節)부터이다. 가령 출생일이 음력 1月 10日일지라도 입춘이 지나지 않았으면 전년도의 12월 간지로 보아야 한다.

◇ 월주(月柱)

월지(月支)는 어느 해가 되어도 변함이 없다. 즉 1月은 항상 인(寅)이요, 2月은 항상 묘(卯)가 된다. 그러나 월간(月干)은 태세에 따라, 즉 해에 따라서 달라진다. 월간을 붙이는 방법은 연두법(年頭法)에 따라서 붙여나가면 된다. 예를들면 갑년(甲年)이나 기년(己年)은 丙寅月(병인월)이 1月이고, 을년(乙年)이나 경년(庚年)에는 무인(戊寅)이 정월이 된다. 월간지(月干支)도 절기에 따라 정(定)하여지므로 항상 해당 절인(節人)이 되었나 살펴야 한다.

◇ 일주(日柱)

명원(命元)의 핵심 중추가 되는 것으로 실수 없이 정(定)하여야 한다. 셈법이 복잡하므로 만세력을 이용하여 생일의

○야자시(夜子時)나 초자시(初子時)법이 있으나 시(時)가 정확치 않는 경우 사람이 갖고 있는 특성을 보아 맞는 시간(時干)을 결정하는 것이 좋다.

간지를 찾아야 한다. 주의할 것은 오후 11시 이후에 출생하였으면 다음날의 간지를 붙이고 시(時)는 자시(子時)로 봄이 통설이다.

야자시(夜子時)로 보는 법도 있으나 다음에 설명하기로 한다.

◇ 시주(時柱)

앞에서 설명한 시의 분류방법에 의하여 정한다. 0시를 기준하여 전날 오후 11시부터 자정까지는 야자시(夜子時), 0시부터 새벽 1시까지는 초자시(初子時)로 보는 학설이 유력하다. 그러나 해당인의 얼굴 모습, 성격, 목소리, 체질과 과거의 운세를 참고로 하여 정하는 것이 정확하다.

이에 해당하는 사람은 양쪽날의 성격을 가지고 있는 것을 경험으로 알 수 있다. 즉 도(道)의 경계에 사는 사람은 양쪽지방의 중간성격을 가지는 것과 같은 이치이다.

※ 아래에 예를 든 것은 전부 음력생일의 예이다.

예 ① 1934年 2月 5日 사시생(巳時生)이면 그해의 간지(干支)는 갑술(甲戌)이고 2月은 갑기지년병인두(甲己之年丙寅頭)하여 정묘월(丁卯月)이 된다. 5日은 기축일(己丑日), 시(時)는 기사시(己巳時)이다.

시	일	월	연	구분
己	己	丁	甲	사
巳	巳	卯	戌	주

예 ② 1942年 1月 22日 오후 3시 30분 출생한 사람.

1月에 태어났으나 경칩이지난 3일째이므로 월건은 계묘월(癸卯月)이 된다.

시	일	월	연	구분
甲	庚	癸	壬	사
申	申	卯	午	주

예 ③ 1947年 12月 30日生 축시(丑時)인 경우

12月이나 입춘(立春)이 지났으므로 태세는 다음해인 무자(戊子)로 본다. 월건도 정월(正月)에 해당하는 갑인월(甲寅月)이 되며 시(時)는 그대로 을축시(乙丑時)이다.

시	일	월	연	구분
乙	甲	甲	戊	사
丑	子	寅	子	주

예 ④ 1954年 1月 1日 오후 2시 30분生

이해는 1月 1日이 바로 입춘(立春)이다. 이럴 때는 시각을 보아야 한다. 입춘 시각이 유시(酉時)이므로 입춘 전에 태어난 것이 되어 전해 12月로 본다.

시	일	월	연	구분
乙	辛	乙	癸	사
未	卯	丑	巳	주

예 ⑤ 1956年 1月 10日 밤 11시 40분의 경우

오후 11시 이후에 출생하였음으로 출생일과 시를 다음 날 자시(子時)로 보아 기미일(己未日) 갑자시(甲子

時)로 본 경우이다.

시	일	월	연	구분
甲	己	庚	丙	사
子	未	寅	申	주

11시부터 0시까지는 야자시(夜子時)로 보아서 전날의
일진(日辰)에 야자시(夜子時)로 볼 경우.

시	일	월	연	구분
甲	戊	庚	丙	사
子	午	寅	申	주

3) 대운(大運) 정하는 법

대운(大運)이란 지구의 공전에 따라 변화하는 계절과 같다.
즉 계절의 변화에 따라 원명(元命)이 어떠한 영향을 받는가를
보는 자료이다. 인연, 시기, 때 등으로 이해할 수 있다.

천명(天命)에 해당하는 사주의 조화에 따라 요구하는 용신
(用神)의 오행(五行)을 보면 발복한다. 반대하는 방향(方向)
의 운(運)에서는 흉(凶)하다고 본다.

누구나 월주(月柱)를 기준으로 시작하되

양년생(陽年生) 남자(男子)와 음년생(陰年生) 여자(女子)
는 순행(順行)하고,

음년생(陰年生) 남자(男子)와 양년생(陽年生) 여자(女子)
는 역행(逆行)한다.

예 ① 순행(順行)의 경우(남자)

시	일	월	연	구분
壬	戊	戊	寅	사
戌	申	寅	戌	주

풀이) 이 사주(四柱)는 고(故) 이병철 씨의 것으로 건명(乾命) 즉 남자(男子)가 경술생(庚戌生) 양년생(陽年生)이므로 대운(大運)은 순행(順行)한다.

丙乙甲癸壬辛庚己

戌酉申未午巳辰卯

예 ② 순행(順行)의 경우(여자)

시	일	월	연	구분
己	庚	丁	己	사
卯	申	卯	卯	주

乙甲癸壬辛庚己戊

亥戌酉申未午巳辰

풀이) 이 사주(四柱)는 전(前)대통령 부인 ○○○ 氏의 것이다.

예 ③ 역행(逆行)의 경우(남자)

시	일	월	연	구분
戊	戊	壬	己	사
午	子	甲	卯	주

풀이) 이 사주(四柱)는 안중근(安重根)의사의 것으로 남자가 기묘(己卯) 음년생(陰年生)이므로 역행(逆行)한다.

甲 乙 丙 丁 戊 己 庚 辛

子 丑 寅 卯 辰 巳 午 未

예 ④ 역행(逆行)의 경우(여자)

시	일	월	연	구분
丁	己	辛	甲	사
酉	卯	未	甲	주

풀이) 이 사주(四柱)는 양년생 여자(陽年生 女子)이
므로 역행(逆行)하는 대운(大運)을 잡아감이 맞는다.

예 ⑤ 순행(順行)의 경우

시	일	월	연	구분
壬	甲	丙	己	사
辰	戌	子	巳	주

癸 壬 辛 庚 己 戊 丁

丑 子 亥 戌 酉 申 未

◇ 입운수(入運數)의 결정

입운수란 대운이 들어오는 나이이다.

대운의 나이 즉 입운수가 결정되면 10년간 작용한다.

입운수를 가장 쉽게 결정하는 방법은 만세력에 일진(日辰)
및 남녀의 입운수가 각각 적혀 있으니 이를 택하여 쓰면 된다.
이때 순(旬)이라고 적혀 있으면 이는 10을 뜻한다.

ㅇ입운수 계산방법

먼저 대운의 흐름이 순행인지 역행인지 확인한다.

순행(順行)의 경우 : 생일로부터 다음 절기까지의 날수를 계산하여 3으로 나눈다.

역행(逆行)의 경우 : 생일로부터 지나간 앞 절기일(節氣日)까지 거꾸로 세어 3으로 나눈다.

여기서 순행과 역행 모두 계산된 날수를 3으로 나눈 후 나머지 숫자가 1이 남으면 4개월, 2가 남으면 8개월 운으로 본다.

여기서 3은 1살운 즉 1年(12개월)을 뜻한다.

예 ① 1980年 10月 5日 인시생(寅時生)

시	일	월	연	구분
丙	己	丁	庚	사
寅	丑	亥	申	주

〈풀이〉 이 사주의 경우 대운은 남자는 순행, 여자는 역행하므로

```
9  ├────────────────────┤ 11
月              10月    순행(26일)     月
30 입동          5日                   1  대설
日              생일                   日
```

순행의 경우 : 26日÷3=8 나머지 (8개월)

고로 8+1(8개월 올림수)=9(입운수)

예 ② 1932年 7月 16日 축시생(丑時生)

시	일	월	연	구분
丁	庚	戊	壬	사
丑	戌	申	申	주

풀이) 이 사주(四柱)는 ○○○氏의 것이다. 1932年 그 해의 간지(干支)는 임신(壬申)이다. 7月은 정임지년(丁壬之年) 임인두(壬寅頭)하여 무신월(戊申月)이

된다. 16日은 경술일(庚戌日)로 7月의 절입(節入)은 입추(立秋)로 72日에 입되었다. 시(時)는 을경일생(乙庚日生) 병자시(丙子時)하여 정축시(丁丑時)이다.

예 ③ 1989年 1月 30日 오후 3시 30분생

시	일	월	연	구분
丙	丙	丁	己	사
申	寅	卯	巳	주

풀이) 이 사주(四柱)는 최근에 태어난 아이의 것이다. 1989년은 기사년(己巳年)이고 1月에 태어났으나 2月의 경칩이 지난 1月 28日에 이미 入되어 월건은 정묘월(丁卯月)이 된다. 30日은 병인일(丙寅日)이고 時는 병신(丙申)이다.

예 ④ 1931年 12月 6日 午時生

시	일	월	연	구분
戊	癸	辛	辛	사
午	酉	丑	未	주

풀이) 이 사주(四柱)는 前대통령 ○○○氏의 것이다. 1931年 신미년(辛未年)이고 12月은 만세력으로 찾을 시에 당년의 月이 거의 11月로 끝나 있다. 다음해로 넘어가니 임신(壬申)年에서 신미년(辛未年) 12月 축월(丑月) 즉 신축월(辛丑月)을 만나게 된다. 6日은 계유일(癸酉日)이다. 시는 무오시(戊午時)

예 ⑤ 1987年 12月 17日 10時 30分 해(亥)

시	일	월	연	구분
乙	己	甲	戊	사
亥	丑	寅	辰	주

풀이)   이 사주(四柱)는 1987年에 태어났으므로 자칫 정묘년생(丁卯年生)으로 연주(年柱)를 세울 수 있으나, 그해 12月 17日에 다음해 무진년(戊辰年) 정월(正月)의 절기(節氣)인 입춘(入春)이 입(入)하였으므로 년간지(年干支)는 무진(戊辰)이다. 월도 갑인월(甲寅月)이 되고 17日은 기축일(己丑日)이고 시는 을해시(乙亥時)이다.

예 ⑥ 1956年 1月 10日 밤 11時 40分의 경우

시	일	월	연	구분
甲	己	庚	丙	사
子	未	寅	甲	주

시	일	월	연	구분
甲	戊	庚	丙	사
子	午	寅	申	주

풀이)   이 사주(四柱)는 시주(時柱)에 그 특징이 있는 경우이다. 첫번째 사주는 오후 11시 이후에 출생하였으므로 출생시를 다음날 자시(子時)로 보아 기미일(己未日) 갑자시(甲子時)로 본 경우이다.
두번째 사주는 오후 11시부터 0시까지를 야자시(夜子時)로 보아 전날의 일진(日辰)에 야자시(夜子時)로 본 것이다.

예 ⑦ 1928年 12月 4日 술시생(戌時生)

시	일	월	연	구분
甲	己	乙	戊	사
戌	未	丑	辰	주

癸 壬 辛 庚 己 戊 丁 丙
酉 申 未 午 巳 辰 卯 寅
77 67 57 47 37 27 17 7

풀이) 이 사주(四柱)는 정치가 ○○○氏의 것으로
양년생 남자(陽年生 男子)로 대운이 순행하는 경우이
다. 다음 절입(節入)인 입춘일(立春日)까지 21日 남
았으므로 입운수(入運數)는 7이 되는 것이다.

예 ⑧ 1957年 윤(潤) 8月 15日 오전 8時生

시	일	월	연	구분
丙	癸	己	丁	사
辰	丑	酉	酉	주

癸 甲 乙 丙 丁 戊
卯 辰 巳 午 未 申
60 50 40 30 20 10

풀이) 이 사주(四柱)는 음년생(陰年生) 남자이므로
대운이 역행하는 경우이다. 앞절기 백로까지 계산된
날 수 30日을 3으로 나누면 10이 되므로 이를 대운수
로 쓴다.

예 ⑨ 본인의 생년월일로 사주를 잡아보세요.

시	일	월	연	구분
				사 주

3. 명리판단법(命理判斷法)

1) 신살사주(神殺四柱)

일본에서 많이 사용하는 방법이다. 신살(神殺)의 작용여하를 위주로 판단한다. 초보적인 방법으로 단편적인 성격을 면하기 어렵다.

2) 통변사주(通變四柱)

육신통변(六神通變)의 작용을 위주로 판단하는 것으로, 통변의 강약(强弱)과 조화(調和)작용을 기초로 한다.

신살(神殺)사주는 정적인 의미만을 판단하는데 대하여 통변사주는 동적인 작용을 봄으로 약간 진보적이다. 그러나 전체의 격국 및 용신(用神)이 무시된 것이 흠이다.

3) 오행사주(五行四柱)

오행(五行)의 조화관계, 즉 태과(太過), 불급(不及)과 강약(强弱) 및 생극제화(生克制化) 관계와 격국 및 용신(用神)을 본다. 한 사람의 체(體)와 용(用)이 구체적으로 나타나므로 진보적이다. 단점은 음양(陰陽) 관계와 오행(五行)의 근본적인 성격에 따른 세밀한 구분이 무시되는 점이다.

4) 십간적 사주(十干的四柱)

오행(五行)사주에 십간(十干)의 특성을 자세히 살펴서 그에 따른 조후관계를 살피고 다시 양간(陽干)과 음간(陰干)에 따른 구분을 하여 가장 깊이 있게 파헤친다. 즉, 같은 목(木)을 보더라도 갑목(甲木)과 을목(乙木)의 차이에 따른 구분을 한다. 오행(五行)의 생(生), 극(克), 제(制), 화(化)와 물리적인 작용 등, 같은 격국과 용신(用神) 일지라도 구체적인 구별이 가능하므로 사주 이론 중 가장 고차적인 이론이다.

※ 명리판단(命理判斷)의 순서

1) 사주 즉 연주(年柱), 월주(月柱), 일주(日柱), 시주(時柱)를 공부한 순서에 의거하여 정확히 정한다.

2) 사주의 대운(大運)과 행운입운수(行運入運數)를 정확하게 산출해서 기록한다.

3) 일주의 강약왕쇠(強弱旺衰)를 월령(月令)과의 관계에 의하여 판단한다.

4) 사주의 격국(格局)을 정한다.

5) 격(格)을 정한뒤 용신(用神), 희신, 기신 및 병약, 통관, 조후 관계를 정해야 한다.

이때 지지암장을 잘 살펴야 한다.

6) 사주의 격국의 순역(順逆), 청탁(清濁), 진가 등을 살펴서 격국의 귀천관계를 알아야 한다.

7) 십이운성(十二運星)과 기타 길신(吉神), 흉신(凶神) 등
이 위치하는 곳을 잘 살핀다.

8) 용신(用神)과 대운(大運) 및 세운(歲運)을 대조하여 행
운에 의한 길흉(吉凶)관계를 살핀다.

9) 부모, 조상, 형제, 처첩, 자손, 관운, 건강, 직업 등에 의
한 길흉관계를 육신(六神)에 의하여 판단한다. 여러가지 주변
정세 및 여건을 참고하여 사주전체를 판단한다.

제5장 십이운성(十二運星), 포태법(胞胎法)

1. 12운성을 외우는 법

12운성이란 음양오행의 생왕사멸(生旺死滅)의 진행을 뜻한
다. 그 발용(發用)은 양간(陽干)은 순행하고 음간(陰干)은
역행하는 것으로 본다.

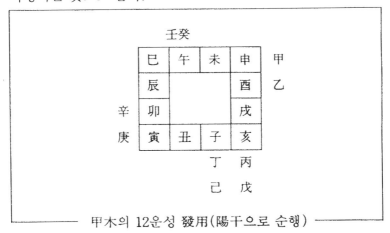

甲木의 12운성 發用(陽干으로 순행)

※ 아래 도표는 각 오행(五行)의 절지(絶地)가 시작되는 자리의 표시이다. 예를 들어 갑(甲)의 경우 신(申)에서 절, 유(酉)에서 태, 술(戌)에서 양…… 등이다.

2. 12운성의 의미

포(胞)	태(胎)	양(養)	생(生)	욕(浴)	대(帶)	관(冠)	왕(旺)	쇠(衰)	병(病)	사(死)	묘(墓)
두절 杜絶	포태 胞胎	배양 培養	출생 出生	부침 浮沈	자립 自立	진출 進出	번창 繁昌	쇠퇴 衰退	재앙	휴식 休息	은둔
시종 始終	발심 發心	성안 成案	시작 始作	유혹	완성 完成	활동 活動	왕성 旺盛	이양 移讓	은퇴	소멸 消滅	동면 冬眠
관재 官災	잉태 孕胎	준비 準備	출발 出發	실수 失手	장식 裝飾	관록 官祿	통솔 統率	후퇴 後退	질병 疾病	무기력 無氣力	연구 研究
상신 傷身	수옥 囚獄	미열 未熱	지배 指背	색정 色情	고초 苦焦	안정 安定	독단 獨斷	정리 整理	휴식 休息	부패	예술 藝術
재패 敗/망 亡	인고 困苦	양육 養育	분리 分離	청고 淸高	격별 格別	진행 進行	이별 離別	여기 餘氣	진	무능 無能	불발 不發

1) 절(絶) : 두절지상(杜絶之象)

아무런 형체도 없는 공허한 상태로 마지막 종점이요, 시작이다. 절처봉생(絶處奉生)이라고 하는 것처럼 다시 시작되는 곳이다. 인간사회에서는 한 세대가 끝나고 다음 세대로 이어지는 상(象)이다. 어떤 일이 끝나며 동시에 새로운 일로 이어지는 모양으로 식물의 씨앗이 싹트기 직전의 모습이다.

2) 태(胎) : 잉태지상(孕胎之象)

인생으로 비유하면 남자의 정핵(精核)과 여자의 정수(精

水)가 결합하여 자궁속에서 새 생명이 잉태되는 상태이다. 그 저 어떠한 일이 머릿속에서 그려질 뿐이고 구체적인 계획이나 실천 단계에 들어가지 않은 상태이다. 따라서 어떤 아이디어 가 떠올랐다거나 어떤 일을 하겠다는 막연한 생각과 같이 발 심(發心)의 상태로 보는 것이다.

3) 양(養) : 양육지상(養育之象)

잉태된 아기가 뱃속에서 점점 자라는 형상이다. 씨앗의 눈 이 생기는 과정이고 어떤 일이 구체적으로 설계되는 상태이며 모든 계획을 세우는 상이다.

4) 장생(長生) : 발생지상(發生之象)

비로소 완성된 생명이 출생하는 상태이다. 일에 있어서는 계획에 의하여 착수하는 시기이다. 식물로 보면 싹이 올라오 는 현상이니 뚫고 올라오는 어려움이 있다. 아직 어린 시기에 속한다.

5) 목욕(沐浴) : 나체지상(裸體之象)

출생후 목욕하는 상이다. 물에 들어갔다 나왔다 하는 것처 럼 부침 현상이 나타난다. 분비물을 씻어내듯 시행착오를 겪 으며 결점과 미비점을 보완하고 시정해 나가는 상태이다. 순 진하기 때문에 유혹에 빠지고, 이것 저것 경험하는 과정이다.

6) 관대(冠帶) : 장식지상(裝飾之象)

성장하여 성인으로 인정받아 의복을 입고 띠를 두르는 형상이다. 요새로 말하면 미성년을 넘어 한 인격체로 인정을 받는 것이다. 책임과 의무가 따르고 권리도 인정받으며 自立하는 시초이다.

7) 임관(臨官) : 취록지상(取祿之象)

관대를 갖춘 후 관직에 나가는 형상이다. 처음으로 사회에 진출하여 일자리를 얻은 것과 같다. 상승하는 세력이 날로 번창하는 상태로 재물(財物)과 녹(祿)이 생기는 때이다.

8) 제왕(帝旺) : 강건지상(剛建之象)

번창(繁昌)의 극(極)으로 기고만장하고 완강해지는 운의 형상이다. 상승의 최고 극에 해당하고 또한 기울어지는 시초이다. 너무 운기가 강하여 스스로 일을 저지르고 흉을 자초하는 수도 있다.

9) 쇠(衰) : 몰락지상(沒洛之象)

가장 왕성하고 번창한 시기를 지나서 점차 기울어지고 퇴보하는 형상이다. 재산이 줄고, 의욕과 사기는 저하된다. 한걸음 일선에서 물러나는 시기이다.

10) 병(病) : 은퇴지상(隱退之象)

노쇠(老衰)후 점차 병이 드는 형상이다. 병들면 기(氣)의 순환이 활발하지 못한 것처럼 모든 일이 막히고 시기를 잃고 인기는 하락한다. 성패(成敗)가 엇갈리는 시기이다.

11) 사(死) : 종식지상(終息之象)

병든 후 죽음에 이른 상이다. 옴짝달싹 못하고 폐물이 된 것
과 같아서 일의 종말이다. 손을 떼고 정리한 후 쉬어야 하는 과
정이다.

12) 묘(墓) : 은둔지상(隱遁之象)

죽어서 묘속에 묻힌 형상이다. 답답한 무용지물로 다음의 잉
태를 기다린다.

참고 : 십이운성표(十二運星表) : 일주(日柱)를 기준(基準)으로 양간(陽干):순행, 음간(陰干):역행

12운성 日干	절 (絶)	태 (胎)	양 (養)	장생 (長生)	목욕 (沐浴)	관대 (冠帶)	임관 (臨官)	제왕 (帝旺)	쇠 (쇠)	病 (병)	死 (사)	墓 (묘)
甲	申	酉	戌	亥	子	丑	寅	卯	辰	巳	午	未
乙	酉	申	未	午	巳	辰	卯	寅	丑	子	亥	戌
丙戊	亥	子	丑	寅	卯	辰	巳	午	未	申	酉	戌
丁己	子	亥	戌	酉	申	未	午	巳	辰	卯	寅	丑
庚	寅	卯	辰	巳	午	未	申	酉	戌	亥	子	丑
辛	卯	寅	丑	子	亥	戌	酉	申	未	午	巳	辰
壬	巳	午	未	申	酉	戌	亥	子	丑	寅	卯	辰
癸	午	巳	辰	卯	寅	丑	子	亥	戌	酉	申	未

예

시	일	월	연	구분
癸	丙	庚	丙	사
巳	戌	寅	申	주

임　　　묘　　　장　　　병
관　　　　　　생

병(丙)　을(乙)　갑(甲)　계(癸)　임(壬)　신(辛)　　대
신(申)　미(未)　오(午)　사(巳)　진(辰)　묘(卯)　　운

병(病)　쇠(衰)　왕(旺)　관(官)　대(帶)　욕(浴)

　　　　　　己　　　　세(歲)
임(臨)　　巳　　　운(運)
관(官)　　年

3. 사주(四柱)에서의 응용 (年, 月, 日, 時)

1) 절(絶)

두절된 상이다. 생년(生年)에 있으면 선대가 양자나 서자였고 대가 끊기었거나 조상의 업(業)이 중단되었다. 생월(生月)에 있으면 부모를 일찍 여의었거나 일찍 타향살이를 하였다. 일찍 고아가 되어 사회에서 고립된 생활을 하였거나 어려서 고생이 많았다. 생일(生日)에 있으면 (갑신, 을유, 경인, 신묘) 장남이라도 타향에 살며 형제 친척과 떨어진다. 성격이 약하고 방종한 생활로 화를 자초한다. 타인의 말을 잘 듣고 중심이 흔들리어 재산을 많이 탕진한다. 호색으로 인하여 신상을 망치고 부부불화가 잦다.

생시(生時)에 있으면 자손에 근심이 있다.

2) 태(胎)

생년(生年)에 있으면 선조대에서 업을 일으켰다. 생월(生月)에 있으면 형제 수가 적거나 있어도 나중에 고독하여진다. 부모대에 이사 변동이 많았다. 생일(生日)(병자, 정해, 무자, 기해, 임오, 계사)에 있으면 초년에 잔병을 앓다가 중년에 건강하여진다. 직업과 주거의 변화가 많다. 당대에 업을 일으키는데, 무슨 일이든 시작만 있고 열매가 없다. 성격은 온순하다. 중심이 잘 흔들리고 끈기와 배짱이 약하다. 타인의 말에 잘 넘어가며, 농담을 잘한다. 부부궁이 좋지 않아 별거 생활이 많다.

시에 있으면 그 아들이 물려받은 재산을 탕진한다. 여자의 경우는 남편 및 시부모에 대한 풍파가 쉴사이 없다.

3) 양(養)

육성하는 상이다. 生年에 있으면 부친이 양자이다. 아니면 남의 부모를 모신다. 生月에 있으면 색난(色難)이 따른다. 생일(갑술, 을미, 병진, 신축)에 있으면 어릴때 남의 손에 길러진다. 好色 再娶한다. 성격은 의타심이 많으며 어리광을 떤다. 시(時)에 있으면 노후(老後)에 자손의 봉양을 받게 된다.

여자의 경우는 대체로 무난하다. 경진일생(庚辰日生)은 시가의 재산이 탕진되거나 남편이 무책임하고 납치되는 일도 있다.

4) 장생(長生)

발생(發生)의 기세이다. 生年에 있으면 선조대(先祖代)에 일어선 집안이다. 생월에 있으면 부모대에 번창한 집안이다.

생일(병인, 정유, 무인, 기유, 계묘)에 있으면 부부간의 정이 좋다. 일찍 출세하거나 이름을 날리고 언행이 온화하다. 학문을 좋아하고 품위가 있으며 인덕이 좋다.

생시(生時)에 있으면 자손이 번창하고 가문이 빛난다. 말년에 행복하고 자녀가 효도한다. 일, 시에 있으면 더욱 좋으나 무인, 정유일생만은 복이 반감된다.

여자의 경우도 좋다. 병인, 임신에 태어난 여자는 똑똑하나 남편덕이 없는 것이 흠이다.

5) 목욕(沐浴)

나체지상(裸體之象)으로 음(淫)의 기운으로 본다. 생년(生年)에 있으면 주색(酒色)으로 인하여 선조대(先祖代)에 재산

탕진이 있었다. 생월(生月)에 있으면 모친이 재취하였거나 서모 또는 이복형제가 있게 된다.

생일(갑자, 을사, 경오, 신해)에 있으면 부모의 재산을 탕진하고 조별모친(早別母親)한다. 형제 친족과 원만성이 결여되고 사치나 색정으로 풍파가 많다. 성격은 총명하나 풍류를 좋아한다.

생시(生時)에 있으면 자손 별거나 처궁의 변화로 두집살림하는 것으로 본다.

그러나 을사일생(乙巳日生)만은 군자지풍(君子之風)으로 世人의 존경을 받게 된다. 재복이 박하여 부(富)하기 어려운데 만약 부하면 신상이 불길하여 병신이 되기 쉽다. 여자는 을사일생(乙巳日生)은 소실이거나 독수공방의 운이다.

6) 관대(冠帶)

장식지상(裝飾之象)이다. 생년(生年)에 있으면 先代는 예의를 지키는 가문이며 안일한 생활을 하였다. 생월(生月)에 있으면 부모형제가 번창하여 사회에 알려져 있다. 생일(병진, 정미, 무진, 기미, 임술, 계축)에 있으면 용모가 수려하고 미모의 처를 두게 된다. 사회생활에 적극적이고 형제를 잘 돌본다. 생시에 있으면 자손이 번창하고 말년이 풍요하나 재혼하는 수가 있다. 여자의 경우는 강한 기질이 있어서 시부모와의 불화가 걱정된다. 여자는 부군이 흉사하거나 노랑(老郎)과 산다.

7) 임관(臨官)

건록이라고도 하며 자립, 취록(取祿)의 상이다. 생년(生年)

에 있으면 선대에 발달하였고 조상덕을 본다. 월(月)에 있으며 부모, 형제가 발하였다. 생일(갑인, 을묘, 경신, 신유)에 있으면 기고하고 건강하다. 중심이 확고하나 부부이별이 있다. 빈가출신이라도 자수성가한다. 생시(生時)에 있으면 부귀 다남하고 말년에 행복하다.

여자의 경우는 갑인(甲寅), 경신(庚申), 을묘일생은 개가(改嫁)하거나 독수공방하는 수가 많다.

8) 제왕(帝旺)

강건(剛建)의 기상이다. 생년에 있으면 선대부귀(先代富貴)로서 품위있는 가문출신이다. 생월(生月)에 있으면 부모형제가 발흥한다. 자신도 심성이 고강하여 행동을 엄격히 한다. 생일(生日)에 있으면 자존심이 강하여(병오, 정사, 무오, 기사, 임자, 계해) 타인을 무시한다. 지나치게 독단적이며 속성속패하는데 관살(일주를 극하는 것)을 보면 자제하기 때문에 세인의 존경을 받고 약한 사람을 잘 도와준다.

시(時)에 있으면 부부이별이 많고 자손이 귀하다. 여자의 경우는 부도(婦道)에는 적합하지 않으나 사회생활에는 유능하다.

9) 쇠(衰)

몰락(沒落)의 상이다. 생년(生年)에 있으면 선조대에 가세가 기울어졌다. 월궁(月宮)에 있으면 부친대에 가자손실(家資損失)되었다. 생일(갑진, 을축, 경술, 신미)에 있으면 성질은 온순한 반면에 박력이 없어 큰일을 못한다. 여럿이 교제하길 꺼리고 타인에게 이용당하는 경우가 많다.

생시(生時)에 있으면 자손이 번창하지 못하거나 불효자식을 두게된다.

여자의 경우는 표면은 순박하나 조금 모자라는 감이 있어 시부모에게 미움을 산다. 갑진(甲辰), 병술(丙戌), 신미일생은 해로(偕老)하기가 어렵다.

10) 병(病)

신음(呻吟)의 상이다. 생년(生年)에 있으면 선대에 병약 또는 곤궁하였다. 생월(生月)에 있으면 부모대에 집안 풍파 중에 출생하였다. 생일(生日)에 있으면 어릴 때 병약체질이거나 큰 병을 앓았다. 조년에 부친이나 모친을 이별하게 된다. 무신(戊申)일, 병신(丙申)일, 임인일 생녀는 진취성이 있으나 끈기가 부족하다.

정묘일(丁卯日), 기묘(己卯), 계유일생은 활발기가 없다. 형제간의 의(誼)가 없으며, 시작만 있고 끝이 없는 형상이다. 생시에 있으면 자손이 병에 신음하는 날이 많아 속을 썩는다.

여자의 경우는 온순하나 중년에 남편 이별하거나 가운이 쇠퇴하여 곤궁에 많이 빠진다. 남편에게 버림받아 파탄이 생기는 수가 있다.

11) 사(死)

종식의 상이다. 생년(生年)에 있으면 조부때 가산이 탕진되었다. 연지(年支)에 있는 경우 어려서 죽을 고비를 넘겼다. 집안에 어른이 돌아가자마자 태어남으로 염세적이다.

생월(갑오, 올해, 경자, 신사)에 있으면 생기(生氣)가 없고 진취성이 없다.

생일(生日)에 있으면 배우자 이별이 한 번 있다. 병약하며 인상이 밝지 못하다. 배우자가 병약하며 고독한 사람이다.

시에 있으면 자식이 다 일찍 죽어 대가 끊어진다.

12) 묘(墓)

연지(年支)에 있는 경우 뒷산에 묘가 있는 곳에서 출생하는 경우가 있다. 조부가 패망하여 쉬고 있는 경우로 고독하거나 고생스럽게 자란 수가 많다.

생월(生月)에 있으면 조상업이 끊어지고 부모 형제를 일찍 여의거나 객지(客地)생활하는 수가 있다. 생일(병술, 무술, 정축, 기축, 임진, 계미)에 있으면 사색과 연구, 예술 등을 좋아하나 활동력이 미약하다. 배우자 덕이 없고 이별수 있다. 시(時)에 있으면 자식이 끊기거나 근심이 생긴다.

셋째편

신살(神殺)

제1장 합과 살(合과 殺)

합(合) : 유정(有情), 단결(團結), 화합(和合), 다정(多情), 구속, 침체, 부진, 부패

충(冲) : 충돌, 싸움, 대립, 사고, 변동, 이탈

형(刑) : 시비, 형벌, 구속, 수술, 상처, 파기

파(破) : 떨어져나감, 깨어짐

해(害) : 질병, 음해, 하자, 무능, 시기

원진(元辰) : 미움, 질투

천간상합(天干相合) : 갑기합토(甲己合土), 을경합금(乙庚合金), 병신합수(丙辛合水), 정임합목(丁壬合木), 무계합화(戊癸合火)

지지육합(地支六合) : 자축합토(子丑合土), 인해합목(寅亥合木), 묘술합화(卯戌合火), 진유합금(辰酉合金), 사신합수(巳申合水), 오미합천(午未合天)

지지삼합(地支三合) : 신자진수국(申子辰水局), 해묘미목국(亥卯未木局), 인오술화국(寅午戌火局), 진술축미토국(辰戌丑未土局), 사유축합금국(巳酉丑合金局)

간충(干沖) : 갑경(甲庚), 을신(乙辛), 병임(丙壬), 정계(丁癸)

지지상충(地支相沖) : 인신상충(寅申相沖), 자오상충(子午

相冲), 묘유상충(卯酉相冲), 진술상충(辰戌相冲), 사해
상충(巳亥相冲), 축미상충(丑未相冲)

지지상해(地支相害)(천살) : 자미상천(子未相穿), 축오상천
(丑午相穿), 인사상천(寅巳相穿), 진묘상천(辰卯相穿),
유술상천(酉戌相穿), 신해상천(申亥相穿)

지지상형(地支相刑) : 인형사(寅刑巳), 사형신(巳刑申), 신
형사(申刑巳), 지세지형(持勢之刑), 축형술(丑刑戌), 술
형미(戌刑未), 미형축(未刑丑), 무은지형(無恩之刑), 자
형묘(子刑卯), 묘형자(卯刑子), 무례지형(無禮之刑), 진
-진(辰-辰), 오-오(午-午), 유-유(酉-酉), 해-
해(亥-亥) 자형(自刑)

원진(怨嗔) : 자미(子未), 축오(丑午), 인유(寅酉), 묘신(卯
申), 진해(辰亥), 사술(巳戌)

1. 천간합(天干合)

간합(干合)은 10개의 천간(天干) 중 갑병무경임(甲丙戊庚
壬)의 양간(陽干)과 을정기신계(乙丁己辛癸)의 음간(陰干)
이 그 순위가 5계단씩 떨어져서 특정한 합(合)을 이룬다. 이
는 만물 음양(萬物 陰陽)이 짝을 짓는 이치와 같다. 부부유정
(夫婦有情)의 상(象)이라 칭한다.

간합(干合)	오행(五行)	합(合)의 성격(性格)
갑기(甲己)	토(土)	중정지합 (中正之合)
을경(乙庚)	금(金)	인의지합 (仁義之合)
병신(丙辛)	수(水)	위엄지합 (威嚴之合)
정임(丁壬)	목(木)	인수지합 (仁壽之合)
무계(戊癸)	화(火)	무정지합 (無情之合)

갑기합(甲己合)의 작용

갑기합(甲己合)이면 오행(五行)이 土로 변하는데 이를「중정지합」이라 한다. 이 간합(干合)이 있는 사주는 마음이 넓어 타인과 다투지 않는다. 타협심이 많으며 성격이 후중하여 세상사람들의 존경을 받게된다. 이해성이 많으며 자기의 분수를 지켜 직분을 잘 지킨다. 그러나 드물게 의무를 지키지 않고 간지(奸智)에만 능하고 박정한 사람도 있다.

  ○ 갑일생(甲日生)으로 기(己)와 간합(干合)
    : 신의는 있으나 지능이 부족
  ○ 기일생(己日生)으로 갑(甲)과 간합(干合)
    : 신의가 없으며 목소리가 탁하고 코가 낮은 경향이 있다.

을경합(乙庚合)의 작용

을경합(乙庚合)이면 오행(五行)이 金으로 변하는데 이를 「인의 지합」이라 한다. 이 간합(干合)이 있는 사주는 성격이 강직하고 인자하고 용감하며 의리가 있다. 그러나 사주 중에 육신(六神)의 편관(偏官)[1]과 십이운성(十二運星)의 사(死)나 절(絶)이 있으면 용감하나 천한 경향이 있어 귀히 되지 못한다.

  ○ 을일생(乙日生)으로 경(庚)과 간합(干合)
    : 결단성이 없다.
  ○ 경일생(庚日生)으로 을(乙)과 간합(干合)
    : 내심이 냉혹하고 자비심이 없으나 겉으로는 의리가 있는 듯 과장한다. 의로운 일만 처세한다. 치아가 튼튼하다.

---

1. 편관(偏官) : 일간을 극하는 것으로 음, 양이 같은 것.
   예 : 갑(甲)이 경(庚)을 본 것.

병신합(丙辛合)의 작용(作用)

병신합(丙辛合)이면 오행(五行)이 水로 변하는데 이를 「위엄지합」이라 한다. 이 간합(干合)이 있는 사주(四柱)는 외면으론 위엄이 있어 코이나 실상은 냉혹하고 편굴된 경향이 있다. 잔인하고 색(色)을 좋아한다.

　○병일생(丙日生)으로 신(辛)과 간합(干合)

　: 지혜는 남보다 뛰어나나 간계(奸計)와 사모(詐謀)를 잘 쓴다. 예의가 없다.

　○신일생(辛日生)으로 병(丙)과 간합(干合)

　: 소극적이다. 대망을 품은 사람은 거의 없다. 체구도 작다.

정임합(丁壬合)의 작용

정임합(丁壬合)이면 오행(五行)이 木으로 변하는데 이를 「인수지합」이라 한다. 이 간합(干合)이 있는 사주는 감정이 예민하여 자기도취를 잘한다. 호색가이며 질투심이 많다. 고결하지 못한다.

만일 십이운성(十二運星)의 사(死), 절(絶)이 있거나 육신(六神)의 편관(偏官) 또는 도화살[1](함지살 또는 목욕살)이 있으면 색정(色情)으로 패가 망신한다.

여자도 음난하고 혼인이 늦거나, 나이차가 많은 남자에게 시집간다. 그리고 일생중 전반이 좋으면 후반이 나쁘고 전반이 나쁘면 후반이 좋다.

　○정일생(丁日生)으로 임(壬)과 간합(干合)

　: 소심하고 질투심이 강하다. 몸이 마르고 키가 큰 사람이 많다.

---

1. 도화(桃花)살 : 12신살의 연살과 같다.

ㅇ임일생(壬日生)으로 정(丁)과 간합(干合)

: 성격이 편굴하고 성질을 잘내며 신의가 없다. 몸집이 크다.

무계합(戊癸合)의 작용

무계합(戊癸合)이면 오행(五行)이 火로 변하는데 이를「무정지합」이라 한다. 이 간합(干合)이 있는 사주는 대체로 용모는 수려하고 아름다우나 박정하다. 남자는 평생 정식 결혼하지 않는 자가 많으며 여자는 미남과 결혼한다는 암시가 있다.

ㅇ무일생(戊日生)으로 계(癸)와 간합(干合)

: 일견 다정한 듯하나 내심 무정하여 사귀기 어렵다. 얼굴이 붉은 사람이 많다.

ㅇ계일생(癸日生)으로 무(戊)와 간합(干合)

: 지능정도가 낮고 질투심이 많다. 하는 일이 용두사미격이다. 남녀 나이든 사람과 결혼한다.

2. 지지합(地支合), 육합(六合, 六氣)

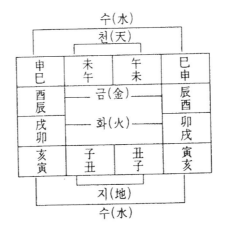

자(子)	축(丑)	합(合)	토(土)
인(寅)	해(亥)	합(合)	목(木)
묘(卯)	술(戌)	합(合)	화(火)
진(辰)	유(酉)	합(合)	금(金)
사(巳)	신(申)	합(合)	수(水)
오(午)	미(未)	합(合)	무오행(無五行)

　지합(支合)이란 십이지지(十二地支)를 천(天)과 지(地)에 짝하여 천지 육합(天地六合)이 되는 것을 말한다. 하늘은 텅 비었기 때문에 목표가 없으므로 태양을 하늘의 표준으로 삼는다. 기체(氣體)인 태양의 자전(自轉)과 고체(固體)인 지구의 자전을 통한 공전과의 사이에서 생기는 음양(陰陽) 즉 음지(陰支)와 양지(陽支)의 합체(合體)가 되는 것을 지합(支合)이라고 한다. 천(天)은 왼쪽으로 돌고 지(地)는 오른쪽으로 돌아서 하늘과 땅이 상합(相合)하는 고로 천지상합(天地相合)이라고 한다.

　○사주 원국에서 지지(地支)끼리 비교한다.
　○궁합이나 동업관계일 때 연간(年干)은 연간끼리, 일간 (日干)은 일간끼리 비교한다.
　○대운지지와 사주와 비교
　○세운과 사주와 비교
　○월지(月支), 일진(日辰), 지지(地支)와 비교한다.
지합(支合)의 길흉
　지합(支合)에는 육합(六合), 삼합(三合), 방합(方合) 등이 있다.

합은 단결, 유정, 화평의 뜻이 있는 반면 침체, 구속, 부진 등의 뜻이 있다.

　ㅇ支合(六合)의 길흉
　　자(子) 축(丑˚) 합(合) 토(土)　진(辰) 유(酉˚) 합(合) 금(金)
　　인(˳寅) 해(亥) 합(合) 목(木)　오(午) 미(未˳) 합(合) 천(天)
　　묘(˳卯) 술(戌) 합(合) 화(火)　사(巳) 신(申˳) 합(合) 수(水)

합(合)하여 변한 오행과 같은 쪽은(˚) 복이 후하고 반대쪽은 경한 것으로 본다.

　ㅇ흉신(凶神)끼리 합하거나, 합하여 흉신(凶神)이 되면 흉(凶)이 중하다. 길신(吉神)끼리 합하거나 합하여 길신(吉神)이 되면 吉이 중하다.
　ㅇ합이 공망(空亡)을 맞으면 합이 풀리고 공망은 합에 의하여 해소된다.
　ㅇ합이 많으면 사교술이 좋고 여러사람과 화합한다.
　ㅇ가까이 있는 것끼리는 합이 잘되고 떨어져 있으면 약하다.
　ㅇ합을 형(刑), 파(破), 충(冲)하면 합이 풀린다.
　ㅇ여명(女命)은 합이 많으면 좋지않다.
　ㅇ합록(合祿), 합마(合馬), 합귀(合貴)가 있다.

지지삼합(地支三合)

삼합은 세개의 지(支)가 모여 합을 이루고 오행(五行)도 변하는 것으로 강력한 연합집단인 국(局)을 이룬다.

핵(核)

신자진(申子辰)			수국(水局)		
해묘미(亥卯未)			목국(木局)		
인오술(寅午戌)			화국(火局)		
사유축(巳酉丑)			금국(金局)		
사四 맹孟	사四 정正	사四 고庫	토土 국局		
사四 생生	사四 왕旺	사四 묘墓	진辰	술戌	
사四 우偶	사四 패敗	사四 계季	축丑	미未	
사四 초初	사四 중仲	사四 유紐			

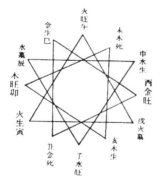

삼합(三合)의 길흉

○ 용모가 아름답고 신기(神氣)가 안정되어 있다. 주위사람과
  원만하고 단결이 잘 된다.

○ 삼합(三合)하여 격식이 좋으면 성공한다. 한평생 평안하며
  재능이 많고 항상 화기가 있다.
○ 삼합(三合)은 있으나 파격(破格)이 되면 스스로 천해진다.
○ 삼합(三合)에 함지(咸池)가 겸하면 사통(私通)의 정이 있
  고 불량하다.
○ 삼합(三合)사이에 충(沖), 형(形), 파(破)가 끼어 있으면
  매사에 방해, 음해, 하자(흠)가 따르게 된다.
○ 합화오행(合化五行)이 사주의 길신(吉神)이면 더욱 좋으나
  흉신(凶神)이 되면 일이 실패하거나 나쁜 일이 생긴다.
○ 합화오행(合化五行)이 기신(忌神)이 되면 합의 요소가 장
  애물이 되어 일을 망치게 되니 합을 풀어야 성사된다.
○ 반합(半合)은 자(子) 오(午) 묘(卯) 유(酉)의 핵(核)이
  있어야 인정된다.

3. 살(殺)

지지칠충(地支七沖)

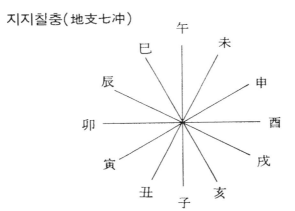

충이란 오행이 만나 서로 충돌을 일으키는 것을 말한다.

지지(地支)는 육위(六位)를 지나 칠위(七位)에서 대충(對沖)의 지(支)가 된다. 대각선으로 맞은 편끼리 상지(相支)관계를 이루어 칠충(七冲)이라 하는데 서로 대립하고 다투는 형상이다.

　자오상충(子午相冲)　축미상충(丑未相冲)　인신상충(寅申相冲)

　묘유상충(卯酉相冲)　진술상충(辰戌相冲)　사해상충(巳亥相冲)

육위(六位)의 경우도 상극(相克)이 되나 음양조화를 이루고, 칠위(七位)만은 양은 양끼리 음은 음(陰)끼리 싸우므로 무정의 극(無情의 克)이라 한다.

칠충(七冲)의 길흉

○명중(命中)의 용신(用神), 희신(喜神), 구신(救神)을 충(冲)하면 나쁘다. 기신(忌神), 구신(仇神)을 충(冲)하면 도리어 흉을 없애고 좋게 된다.

　○인신사해(寅申巳亥)는 五行이 장생(長生)하는 사생지(四生地)이므로 충(冲)하면 잘리고 끊어지고 다치는 화가 일어난다.

　○진술축미(辰戌丑未)의 충(冲)은 동류상충(同類相冲)하여 동요가 일어난다.

　○자오묘유(子午卯酉)의 충(冲)은 五行의 상극(相克)원리에 의하여 승부가 결정된다.

즉 자수(子水)가 오화(午火)를 극하여 이기고

　　유금(酉金)이 묘목(卯木)을 극하여 이긴다.

　○충(冲)은 가까이 있으면 쟁투가 되고 떨어져 있으면 동요

하는 것으로 본다.

- 사생지(四生地) 인신사해(寅申巳亥)의 충(冲)은 역마의 자리이므로 이동변화가 많다.
- 충(冲)이 있고 형(刑), 해(害) 등이 겹치면 일생 파란변동이 많다.
- 천간(天干), 지지(地支)가 함께 충(冲)이면 천전지충(天戰地冲)이 되어 싸움이 급진적이고 극렬하다.
- 원명(元命)이 대운을 충하면 흉이 빨리 나타나므로 흉을 자초하는 것이다. 대운이 원명(元命)을 충하면 외부로부터 흉사가 나타나나 더디게 나타난다.
- 충(冲)을 풀어주는 것은 육합(六合), 삼합(三合), 공망(空亡) 등이다.

예

시	일	월	연	구분
癸	庚	乙	戊	사
未	午	丑	子	주

충(冲)

合   合

子午, 丑未 충이나 중간에 合을 이루니 冲이 풀린 것으로 본다.

- 월령(月令)을 충(冲)하면 뿌리를 충(冲)한 것과 같아서 동요, 변화가 크게 일어난다.(즉 이사나 직장 변동 등)
- 양지(陽支)의 충(冲)은 흉사가 강하고 음지(陰支)는 흉사가 약하다.
- 일지(日支)를 충(冲)하면 배우자와 이별, 싸움 등이 일어난다.

- 천간(天干)은 합(合)인데 지지(地支)를 충(冲)하면 처음 엔 화합하나 결과는 깨어진다. 겉으로는 합(合)한 것 같이 보이나 속으로 갈등과 싸움이 있다.
- 양인(羊刃)을 충(冲)하면 간직하고 있는 흉기를 건드린 것 과 같아서 쟁투를 하여 화가 발생하고 대운겹쳐서 冲되면 죽음을 부른다.
- 술진축미(戌辰丑未)가 모두 있으면 충(冲)일지라도 귀명 (貴命)이나 고독하여 육친과 분리된다.
- 충운(冲運)에는 이동하고 자리를 피하므로써 화를 면할 수 있고 육친간에도 떨어져 있어야 좋다.
- 수기(水氣)가 왕(旺)하여 얼어 있는 사주는 충(冲)하여 깨 어주어야 좋다.

십이지지, 육해(穿 : 뚫은 천)

합하는 상대오행을 타간지(他干支)가 충(冲)하여 방해하 는 것이다. 서로가 서로를 해친다는 것으로 충(冲)이나 형 (刑)보다는 그 영향력이 좀 약하다.

육해 (六害)	오 (午)	미 (未)	신 (申)	유 (酉)	술 (戌)	해 (亥)	자 (子)	축 (丑)	인 (寅)	묘 (卯)	진 (辰)	사 (巳)	충(冲)
	자 (子)	축 (丑)	인 (寅)	묘 (卯)	진 (辰)	사 (巳)	오 (午)	미 (未)	신 (申)	유 (酉)	술 (戌)	해 (亥)	
	축 (丑)	자 (子)	축 (亥)	인 (戌)	묘 (酉)	진 (申)	사 (未)	오 (午)	미 (巳)	신 (辰)	유 (卯)	술 (寅)	합(合)

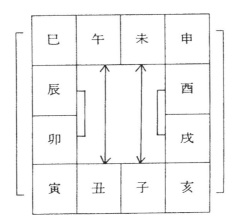

육해(六害)의 길흉

● 자미상해(子未相害)는 왕수(旺水), 왕토(旺土)의 상극(相克)이므로 육친골육의 인연이 박하다.

● 축오상해(丑午相害)는 오(午)의 왕화(旺火)와 축중(丑中)의 사금(死金)을 업신여기므로 관괴상해(官鬼相害)라고 하며 육친권속이 분리, 불화한다.

● 인사상해(寅巳相害)는 세력을 믿고 날뛰므로 구설(口舌)이 많다.

● 묘진상해(卯辰相害)는 묘(卯)의 왕목(旺木)이 진(辰)의 위토(柔土)를 극하므로 장유상해(長幼相害)라고 한다. 항상 다툼이 일어나고 원만 중에 풍파가 일어난다.

○ 자미육해(子未六害)는 육친(六親)과 분리한다. 귀격이면 처첩의 화를 입고 파격이면 고독하다.

○ 유술상해(酉戌相害)는 유(酉)의 왕금(旺金)과 술(戌)의 쇠화(衰火)가 질투 상해하니 가정에 불화와 다툼이 있다.

○ 육해(六害)는 대체로 골육이 분리되고 싸움이 일어난다. 인신사해(寅申巳亥)가 있으면 더욱 심하게 나타난다. 귀격 (貴格)이면 기회를 포착하는 재능이 있고 파격이면 거짓이 많고 인격이 떨어진다.

○ 묘진(卯辰) 오축(午丑)의 상해(相害)는 생왕(生旺)하면 승리를 좋아하고 성격은 엄중하다. 쇠약하면 경박하여 실패한다. 옳지 못한 일을 자행한다.

○ 자미육해(子未六害)는 육친(六親)과 분리한다. 귀격이면 처첩의 화를 입고 파격이면 고독하다.

○ 유술(酉戌)의 상해(相害)는 생왕(生旺)하면 강폭, 잔인하고 쇠약하면 참혹한 성질이다.

○ 육해(六害)는 合을 충(冲)하는 흉신(凶神)이니 방해자요, 이간질하는 사람이다. 음해하며 남이 좋아하는 것을 시기하여 빼앗는 사람을 나타낸다.

십이지지 상형(十二地支 相刑)

형(刑)도 역시 극하는 것과 같은 작용을 한다.

형(刑)은 충(冲)보다는 상극하는 정도가 약하지만 삼형(三刑)을 이룰 때는 화를 당한다.

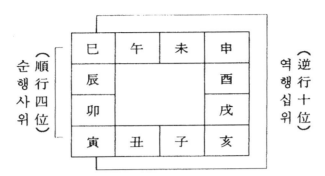

○ 지세지형(持勢之刑)

인사(寅巳), 신사(申巳), 인신(寅申)은 형(刑)인데 인사신(寅巳申)은 삼형(三刑)이다.

○ 무은지형(無恩之刑)

축술(丑戌), 술미(戌未), 축미(丑未)는 형(刑)인데 축술미(丑戌未)는 삼형(三刑)이다.

○ 무례지형(無禮之刑)

자묘(子卯), 묘자(卯子)

○ 자형(自刑)

진(辰), 오(午), 유(酉), 해(亥)가 같은 것끼리 만나면 자형(自刑)이다.

형(刑)의 길흉

○ 지세지형

삼형(三刑) 모두가 있으면 형살의 작용이 더 강하여 관재(官災)로 인하여 형무소 가게 되는 운이다. 인사(寅巳)가 주내(柱內)에 있든지 사신(巳申)이나 인신(寅申)이 사주내(四柱內)에 있어도 살성(殺星)의 악형(惡刑)을 당하게 되나 조금 약(弱)하다고 본다. 또 3형(刑)이 있는 사주는 돌발적이고 고집이 세며 너무 욕심을 내다가 실패한다. 호언장담을 잘한다. 궁합(宮合) 볼 때 이 지세지형이 있으면 서로가 자존심이 강하다. 일주(日柱)에 있으면 더욱 그렇다.

○ 무은지형

성질이 포악하며 배신을 잘하고 때에 따라서 사람을 잘 이용한다. 年月에 있으면 불효하고 日時에 있으면 자식이 포악하다. 악처가 있어서 子女의 무덕(無德)으로 일생을 보낸다. 궁합 볼 때는 중요치 않다.

○ 무례지형

온순한 기운은 전혀 없고 횡폭한 성질을 가지고 있다. 년에 있으면 조상이 감옥생활 했다. 月에 있으면 부모가 형액(刑厄)을 당하여 호적에 적선(赤線)이 있다. 반대로 충신이 되는 자도 있다. 일지(日支)에 있으면 자기 처를 원수같이 다스린다. 時에 있으면 자손이 깡패 또는 죄인의 신세이다. 형무소에 이력서를 넣거나 불구자인 수가 있다.

○ 자형(自刑)

사주내(四柱內)에 어디라도 있으면 의타심이 많고 자립심이 전혀 없다. 일에 열성이 없고 인내심도 부족한 것으로 본다. 연월간(年月間)에 자형(自刑)이면 부모와 조상간에 사이가 좋지 않다. 일시(日時)가 자형(自刑)이면 부자지간에 원수가 된다.

원진(元辰)(大耗)

충(沖)하여 다투고 나면 서로 미워하고 질시 반목하는 이치이다. 궁합 볼 때에 남녀의 年月을 상대시켜 보는데 이때 원진살이 있으면 살기는 해도 항상 원망과 불평을 하며 다툼이 자주 있게 된다.

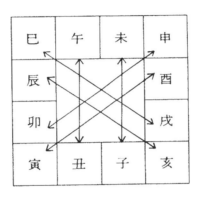

원진(元辰)의 길흉

원진은 충(沖)의 다음 자리이니 싸우고 난 후에 미워지는 것과 같아서 부부궁합에서 제일 꺼리는 것이다.

○ 원진이 있으면 용모가 곱지 못하다. 코가 낮고 입이 크고 눈은 모가 나며 어깨가 높고 음성도 탁하다. 신왕(身旺)이면 도량은 크나 시비 선악을 분별하지 못하고 모든 일이 실패로 돌아간다.

신약(身弱)하면 부끄러움도 모르며 음식을 탐하는 하류인(下流人)이다.

○ 원진(元辰)이 合을 보면 작용이 약해진다.

○ 여자는 음성이 크고 성질이 탁하며 간음이나 사통(私通)의 뜻이 있다. 무례한 성질이 있다.

○ 원진운이 되면 방해자를 만난 격이니 마음이 흔들리고 병을 얻거나 외부로부터의 재화가 있다.

파(破)

파(破)도 충(冲)과 마찬가지로 부딪치면 파괴되는 운성을 나타낸다.

자(子)   유(酉)
진(辰)   축(丑)
인(寅)   해(亥) : 合도 된다
술(戌)   미(未)
사(巳)   신(申) : 合도 된다
오(午)   묘(卯)

파(破)의 길흉

○ 연지(年支)가 파(破)를 만나면 조실부모하거나 일찍 부모를 떠나 타향살이한다. 조상의 재산이 파산하여 그 덕을 입지 못한다.

○ 月을 파(破)하면 부모와 일찍 이별하고 풍파가 많다. 인덕이 없다.

○ 日을 파(破)하면 처궁이 좋지 않다. 부부지간에 수술 및 질병이 자주오며 풍파가 많다.

○時를 파(破)하면 자손낙태 등의 일이 자주 있다. 자궁질환
  이 발생하며 부부생활에 불만이 항상 있다. 말년에 탈재(奪
  財)되어 고독하게 산다.

참고. 육합(六合), 삼합(三合), 형(刑), 충(沖), 파(破)
일람표

四支\日支	자(子)	축(丑)	인(寅)	묘(卯)	진(辰)	사(巳)	오(午)	미(未)	신(申)	유(酉)	술(戌)	해(亥)
자(子)		육합(六合)		형(刑)	삼합(三合)		충(沖)	해(害)	삼합(三合)	파(破)		
축(丑)	육합(六合)				파(破)	삼합(三合)	해(害)	형·충(刑·沖)		삼합(三合)	형(形)	
인(寅)						형·해(刑·害)	삼합(三合)		형·충(刑·沖)		삼합(三合)	육합(六合)·파(破)
묘(卯)	형(刑)				해(害)		파(破)	삼합(三合)		충(沖)	육합(六合)	삼합(三合)
진(辰)	반합(半合)	파(破)		해(害)	형(刑)				삼합(三合)	육합(六合)	충(沖)	원진
사(巳)		삼합(三合)	형(刑)						육합(六合)·형·파(刑·破)	삼합(三合)		충(沖)
오(午)	충(沖)	해(害)	삼합(三合)	파(破)			형(刑)	육합(六合)			삼합(三合)	
미(未)	해(害)	형·충(刑·沖)		삼합(三合)			육합(六合)				형·파(刑·破)	삼합(三合)
신(申)	삼합(三合)		형·충(刑·沖)	원진(元辰)	육합(六合)	합형(合刑)						해(害)
유(酉)	파(破)	삼합(三合)	원진(元辰)	충(沖)	육합(六合)	삼합(三合)				형(刑)	해(害)	
술(戌)		형(刑)	삼합(三合)	육합(六合)	충(沖)	삼합(三合)	형·파(刑·破)		해(害)			
해(亥)			육합(六合)·파(破)	삼합(三合)	원진(元辰)	충(沖)		삼합(三合)	해(害)			형(刑)

제 2 장   기타신살

1. 건록, 양인, 금여, 문창성의 도표

신 (神) : 길신 (吉神)

살 (殺) : 흉신 (凶神)

아래 도표는 건록, 양인, 금여, 문창성을 한꺼번에 나타낸 것인데 도표 1은 건록의 자리를 나타낸 것이다. 건록 다음에 양인, 금여, 그 다음이 문창순으로 나가면 된다.

표 1)

		丁己			
丙戊	巳	午	未	申	庚
	辰			酉	辛
乙	卯			戌	
甲	寅	丑	子	亥	壬
			癸		

표 2)

신살 \ 천간	건 록	양 인	금 여	문 창	백호대살
甲	寅	卯	辰	巳	辰
乙	卯	辰	巳	午	未
丙	巳	午	未	申	戌
戊	巳	午	未	申	辰
己	午	未	申	酉	
庚	申	酉	戌	亥	
辛	酉	戌	亥	子	
壬	亥	子	丑	寅	戌
癸	子	丑	寅	卯	丑

2. 건록(建祿)

건록은 정록(正祿)이라고 하는데 십이운성(十二運星)의 임관(臨官)과 같다. 벼슬을 얻었다는 뜻이니 부가 있고 길하다. 건록을 보는 요령은 다음과 같다.

갑록재인(甲祿在寅) : 일간갑(日干甲)의 건록은 인(寅)이다.

을록재묘(乙祿在卯) : 일간을(日干乙)의 건록은 묘(卯)이다.

병무록재사(丙戊祿在巳) : 일간병(日干丙)과 무(戊)의 건록은 사(巳)이다.

정기록재오(丁己祿在午) : 일간정(日干丁)과 기(己)의 건록은 오(午)이다.

경록재신(庚祿在申) : 일간경(日干庚)의 건록은 신(申)이다.

신록재유(辛祿在酉) : 일간신(日干辛)의 건록은 유(酉)이다.

임록재해(壬祿在亥) : 일간임(日干壬)의 건록은 해(亥)이다.

계록재자(癸祿在子) : 일간계(日干癸)의 건록은 자(子)이다.

건록이 사주에 있으면 복록이 많고 관록도 좋으며 의식이 넉넉하다. 그러나 건록도 공망을 만나거나 형(刑), 충(沖), 파(破), 해(害)되면 그 길한 효력을 잃게 된다.

일간	甲	乙	丙	丁	戊	己	庚	辛	壬	癸
건록	寅	卯	巳	午	巳	午	申	酉	亥	子

예 :

시	일	월	연	구분
壬	庚	癸	丙	사
午	寅	巳	申	주

건록

관살 (일간을 극하는 것 火) 이 강해서 관록이 좋다. 형살 (刑殺) 인(寅) 사(巳) 신(申) 이 있고, 건록(祿神)이 있어 경찰관이 되었다.

◇ 건록(建祿)의 길흉

천간과 동일한 음양오행(陰陽五行)이 되니 천간의 뿌리가 되어 녹근(祿根)이라 한다. 다스릴 땅을 얻은 것이니 록이 있다 하고 근거가 뚜렷하니 안정된 생활을 한다.

- 生月에 있으면 건록격이 되고,
  生日에 있으면 일록격(日祿格)이 되고,
  生時에 있으면 귀록격이 된다.
- 관성(官星)과 인성(印星)[1], 식신(食神)[2]이 같이 있으면 좋다.
- 형(刑), 충(冲), 공(空), 해(害)를 싫어한다.
- 격식이 좋으면 몸이 건강하고 진실하며 일생 평안하다.
  식록이 좋아서 장수한다.
- 공무원이 제일 많다.

- 기신(忌神)³⁾이 있으면 건록이 있어도 복이 작다. 노력은 많이하나 복록이 적다.
- 生時에 있으면 일의 결과가 좋다. 노력보다 **좋은** 결실을 얻는다.
- 뿌리에 해당하므로 충(沖), 형(刑)을 만나면 직장 변동, 이사 등의 일이 생긴다. 건강상에도 지장이 있다.
- 건록이 없거나 약한 사주는 건록운을 보면 직장과 사업, 일자리가 생기고 안정된 생활을 하게 된다.
- 재(財)가 많은 사주는 건록을 만나면 부귀하게 되거나 수입이 증가된다.
- 日祿이면 비견이 되므로 부부간에 문제가 있다.

3. 양인(羊刃)(陽刃)

원칙상 양인은 일간(日干)과 오행이 같고 음양이 다른 것 (겁재, 劫財)으로 양간(陽干)에만 적용된다 해서 양인(陽刃) 이다. 하지만 녹전일위(祿前一位)가 되는 원칙을 적용하여 음간(陰干)에도 같은 인성(刃星)을 두었다.

양인성은 형벌 및 검인(劍刃)을 의미하는 살성(殺星)으로 강렬, 횡포, 성급, 잔인성을 내포한 살이다.

그러므로 사주에 양인(羊刃)이 있고 그 힘이 강하면 성격이 강하고 참을성이 없으며 잔인한 경향이 있다. 따라서 일생동

---

1) 인성(印星) : 일간을 생하는 오행
2) 식신(食神) : 일간이 생하는 오행
3) 기신(忌神) : 용신(用神)을 극하는 오행

안 곤액과 장애가 많으며 험한 일을 많이 당한다. 그러나 양인
성이 있고 사주의 격(格)¹⁾과 부합되면 세상에 드물게 보는 영
웅호걸 열사가 되는 수가 있다.

일간	甲	乙	丙	丁	戊	己	庚	辛	壬	癸
양인	卯	辰	午	未	午	未	酉	戌	子	丑

예 :

시	일	월	연	구분
戊	甲	辛	乙	사
午	戌	卯	未	주

甲에 卯가 양인, 년지에 乙
未, 白虎가 있어 군인이 되었
다.

◇ 구성

  양인(羊刃)은 보통 양인(陽刃)이라고 하며 육신(六神)으
로는 겁재(劫財)에 해당한다. 십이운성으로는 제왕이다. 자오
묘유(子午卯酉) 정방(正方)에 해당하고 천간 五行이 강해지
는자리다. 강한 것이 지나쳐서 인(刃)이 된다는 의미이므로
양간(陽干)에만 취하여 양인(陽刃)이라고 하나 음간(陰干)
도 동기오행(同氣五行)이 많으면 인(刃)이 되므로 지지(地
支)에 비, 겁이 많으면 양인으로 보아야 한다. 건록의 다음자
리이며 천간과 음양이 다르다.

---

1) 格 : 격은 사주의 틀을 말하는 것으로 내격과 외격이 있다. 내격에는 八정격
    이 있고 외격에는 8정격에 안들어 가는 것으로 여러가지 별격이 있다.
    현실적으로 격에 부합이 안된 사람은 이것도 아니고 저것도 아닌 사람
    이다.

예 :

시	일	월	연	구분
戊	乙	庚	乙	사
寅	卯	辰	卯	주

木局

왼편사주는 지지(地支) 전체가 목국(木局)을 이루어 木기가 왕(旺)하니 음간(乙)일지라도 양인(羊刃)으로 보아야 한다.

◇ 작용

지나치게 왕(旺)하고 강한 기질이므로 칼(刃)을 지닌 것과 같아서 약한 氣로 변하니 이를 건드리면 충(冲), 형(刑), 재화를 초래하게 되는 것이다.

즉, 火가 지나치면 물질을 태우고

水가 지나치면 홍수가 되고

金이 지나치면 깨어지고

木이 지나치면 부러지고

土가 지나치면 무너진다.

공을 이루고도 물러갈 줄 모르니 타의에 의하여 꺾어지는 것이다.

◇ 羊刃의 특성

• 성품이 강렬하고 난폭하며 살생과 투쟁을 좋아한다.
• 갑일(甲日) 양인은 강직하다.
• 경일(庚日) 양인은 과단성과 의협심이 지나치다.
• 무일(戊日) 양인은 완고하고, 지나치게 우둔해 보인다.

- 임일(壬日) 양인은 음모, 술수가 있고 속이 깊다.
- 충(冲)하면 강폭하고 쟁투가 일어나나 습하면 몸을 보호하는 보신자(保身者)가 된다.
- 하격이면 눈이 크고 수염이 많고 잔인하다.
  상격이면 문무겸전하여 도량이 넓고 대중의 중심인물로 약자를 돕는다.

◇ 양인(羊刃)의 길흉
- 신약(身弱)이면 양인이 도움이 되고 신강(身强)이면 양인이 흉신(凶神)이 된다.
- 월지양인(月支陽刃)에 이를 제(制)하는 편관이 있으면 권세가 있고 명리를 얻는다.
- 월지(月支) 편관격에 시에서 양인이 일주를 도와주면 역시 좋다.
- 일지(日支)양인 (병오, 무오, 임자일 생)은 부부이별이 있다.
- 생년지(生年支) 양인은 조상을 극하고 시인(時刃)은 자녀를 극한다. 이중으로 있으면 몸을 다치거나 피를 보는 재화가 있다.
- 사주 원국에 있는 양인(羊刃)에 해당하는 운이 돌아오면 옛날일에 의하여 재화가 일어난다.
- 양인과 살이 겹치는데 이를 억제하는 관살이 없으면 도둑질할 마음이 생긴다.
- 年, 月, 日이 모두 양인성 [1]이면 크게 부귀하는 命이다.

예 :

시	일	월	연	구분
辛	癸	丙	庚	사
丑	酉	戌	午	주

- 양인이 목욕살과 같은 자리에 있으면 연주창에 걸리거나 칼에 다친다.
- 태월(胎月)에 양인이 있고 충(沖), 형(刑)되면 불량아일 수 있다. 아니면 존친이 악하게 죽거나 흉악한 사람이다.
- 양인과 비인이 겹쳐있으면 경거망동으로 재화를 초래한다.
- 천간에 관살이 있고 지지(地爻)에 양인이 있으면 귀명(貴命)이나, 뇌나 머리를 다친다.
- 천간에 재성(財星)이 있고 지지(地爻)가 양인이면 재물의 손해가 많고 저축이 안된다.
- 양인이 공망을 맞으면 잘난척하여 재화를 일으키고 터무니 없는 원한을 산다.
- 양인이 많으면 부부간에 속임이 있고 양보심이 없어 불화한다.
- 양인이 있는 사람은 눈빛이 강하게 빛난다.

---

1) 호환양인 : 천간에 나타난 오행이 사주의 년, 월, 일, 시지와 비교하여 양인이 되는 것이다. 예를들어 시의 천간이 년지에서 양인이 되는 경우 등이다.

4. 금여(錦輿)

금여가 사주에 있으면 성격이 온후하여 인품이 화애롭다. 용모가 단정하며 머리가 영리하고 재주가 있어 사람들의 존경을 받는다. 발명가나 또는 관록으로 성공하며 처도 미인이며 처가덕도 있다. 출세운이 대길하므로 궁합볼 때 必히 참고하여 본다. 만일 시주(時柱)에 있으면 일생 일가친척의 도움을 받게되며 자손도 훌륭히 두고 번창하니 귀성(貴星)이라 한다.

일간	甲	乙	丙	丁	戊	己	庚	辛	壬	癸
금여	辰	巳	未	申	未	申	戌	亥	丑	寅

5. 문창(文昌)

문창이 사주에 있으면 지혜가 총명하고 학문에 밝으며 多藝하다. 글씨를 잘쓰며 詩를 잘짓고 읊는 문장가가 되거나, 풍류를 좋아한다.

그리고 문창은 흉성(즉 12운성 중 쇠병사묘 等)을 길성으로 制化시킨다. 그러나 문창이 冲되거나 合되거나 공망을 만나면 길신으로서의 작용을 못한다.

일간	甲	乙	丙	丁	戊	己	庚	辛	壬	癸
문창	巳	午	申	酉	申	酉	亥	子	寅	卯

6. 백호(白虎)

구궁(九宮)의 중궁(中宮) 즉 오황(五黃) 자리에 들어가는 간지이다. 보통 사주를 보고 辰戌이 눈에 많이 띠면 백호살이 있음을 감지하는 것이다.

괴강과 그 뜻이 거의 같다. 좋은 경우에는 지도자로 큰일을 하며 생활력이 강하다. 나쁜 경우에는 성격이 강렬하고 난폭하여 음독자살 하거나, 혈광사(血光死) 즉, 피를 흘리고 죽거나 교통사고 등으로 비명횡사한다.

여자는 백호살이 들어 있으면 팔자가 드세다.

일간	戊	丁	丙	乙	甲	癸	壬
일지	辰	丑	戌	未	辰	丑	戌

예 :

시	일	월	연	구분
壬	癸	癸	戊	사
戌	未	亥	辰	주

자   조
손   상

조상이나 자손이 백호살로 비명횡사하는 경우, 백호살이 주변 柱에 있으면 약 50% 가능성이 있으나 日柱에 있는 경우는 80%이상 백호살로 인한 凶한 일을 당할 가능성이 있다.

7. 괴강(魁罡)

괴강은 강렬한 살기로 횡폭, 재앙, 살생, 고집 등을 내포한다. 사주에 괴강이 있으면 자존심과 고집이 있어 위험한 일을 하는 性格이다.

그러나 괴강성은 흉신(凶神)도 되지만 길신(吉神)도 된다. 말하자면, 모든 吉凶을 극단으로 作用하는 성신이다. 그러므로 대부(大富), 극빈(極貧), 대귀(大貴), 재앙(災殃), 폭패(暴敗), 살상(殺傷), 엄격(嚴格), 총명(聰明) 등의 극단으로 흐른다.

사주에 괴강이 여러개 있으면 大富貴를 누린다. 생일에 괴강이 있으면 남자는 성격이 청렴결백하고 논리적이다. 여자는 고집이 세고 부부이별, 사별하여 과부가 될 우려가 있거나 자식을 잃게될 수도 있다. 이런 여자는 괴강살을 소모시키는 社會活動을 택하는게 좋겠다.

日柱에 괴강성이 있고 정관(正官)[1] 및 편관(偏官)[2]이 있으면 극도로 빈궁한 수가 있다.

일간	庚	壬	戊	庚
일지	辰	辰	戌	戌

예 : 이기붕씨 사주

시	일	월	연	구분
辛	庚	庚	丙	사
巳	辰	辰	申	주

정부요인으로 일시 명예를 떨쳤다가 경진일(庚辰日)에 괴강이 되어 사라진 사주이다.

---

1) 정관 : 일간오행을 극하는 것으로 음, 양이 다른 것
2) 편관 : 일간오행을 극하는 것으로 음, 양이 같은 것

8. 천을(天乙)(玉堂)[1] 귀인

: 일간을 기준으로 한다.

사주에 천을귀인이 있으면 주위에 도와주는 이가 많다. 인덕이 많은 사람으로 어려운 고비에 빠졌더라도 곧 남의 덕으로 해결한다. 또 총명하고 지혜가 많으며 흉한 일을 만나도 그것이 계기가 되어 오히려 좋아진다.

甲戊庚에 소, 양 즉　丑未
乙己에 쥐, 원숭이 즉　子申
丙丁에 돼지, 닭 즉　亥酉
六辛에 말, 호랑이 즉　午寅
壬癸에 뱀, 토끼 즉　巳卯가　天乙貴人이다.

일간	甲	乙	丙	丁	戊	己	庚	辛	壬	癸
천을 귀인	丑未	子申	亥酉	亥酉	丑未	子申	丑未	午寅	巳卯	巳卯

예 :

시	일	월	년	구분
丁	甲	辛	甲	사
酉	午	未	寅	주

貴
人

----

1) 玉堂官이란 국정을 임금님과 같이 논하고 결정하는 중앙 관직이니, 현대에서는 국회나 내각국무회의에 참여하는 사람이다.

9. 태극귀인(太極貴人)

처음, 시작을 뜻하는 것으로 만물의 성수(成收)를 맡았다. 입신양명(立身揚名)하는 운이다.

연간	甲	乙	丙	丁	戊	己	庚	辛	壬	癸
태극성	子午	子午	卯酉	卯酉	辰戌	丑未	寅亥	寅亥	巳申	巳申

10. 삼기귀인(三奇貴人)

천간에 나란히 있으면 기귀(奇貴)한 命으로 본다.

天上 甲戊庚 : 영웅, 정치인, 군인
地下 乙丙子 : 학문, 총명, 유순, 학자, 선비
人中 壬癸辛 : 조조와 같이 술수가 출중

11. 고신, 과숙(孤神 寡宿)

고신살 : 男子 : 상처하여 고독해진다.
　　　　　女子 : 생이별 또는 별거
과숙살 : 男子 : 부부이별
　　　　　女子 : 상부하여 과부된다.

생년	子	丑	寅	卯	辰	巳	午	未	申	酉	戌	亥
고신	寅	寅	巳	巳	巳	申	申	申	亥	亥	亥	寅
과숙	戌	戌	丑	丑	丑	辰	辰	辰	未	未	未	戌

12. 상문, 조객(喪門, 吊客)

이 殺이 있으면 재수가 없고 매사가 잘 안된다. 특히 이사와 이장시에는 이 방향을 범하지 말아야 한다.

일지	子	丑	寅	卯	辰	巳	午	未	申	酉	戌	亥
상문	戌	亥	子	丑	寅	卯	辰	巳	午	未	申	酉
조객	寅	卯	辰	巳	午	未	申	酉	戌	亥	子	丑

13. 비인

양인을 冲한 것이다.

日干	甲	乙	丙	丁	戊	己	庚	辛	壬	癸
비인	酉	戌	子	丑	子	丑	卯	辰	午	未

14. 십간학당(十干學堂)

총명하고 학문에 열중한다.

日干	甲	乙	丙	丁	戊	己	庚	辛	壬	癸
학당	亥	午	寅	酉	寅	酉	巳	子	申	卯

15. 천덕귀신(天德貴神)

氣가 旺하여 포용력이 있고 사람이 따른다. 인덕이 좋아서 복을 받는다. 흉이 변하여 길하게 되는 것으로 덕망의 神이다.

월지	寅	卯	辰	巳	午	未	申	酉	戌	亥	子	丑
天德	丁	申	壬	辛	亥	甲	癸	寅	丙	乙	巳	庚

16. 삼재팔난법(三災八難法)

삼재의 작용 삼재란 인생행로에 있어서 갑자기 예기치 못한
재난을 만나는 것이다. 삼재운이 들면 3年동안
관재(官災) 흉한 운을 갖게 되는데, 사람은 누구나 十二年을
구설(口舌) 한 주기로 수차례 이러한 운을 맞이한다. 十二年
패재(敗財) 中에서 九年동안은 삼재운이 없고 다음 三年은
이별(離別) 삼재운이 든다. 처음해(年)의 삼재를 들삼재(入
병고(病苦) 三災)라 하고 다음해는 눌삼재(留三災)라 하며
사고(事故) 마지막 3년째를 날삼재(出三災)라 한다. 이러한
삼재는 양생법(養生法)의 병(病), 사(死), 묘운
(墓運)과 같고 十二神殺의 역마(들삼재), 육해
(눌삼재), 화개(華蓋)(날삼재)와 같다. 그러나
삼재운(三災運)이 와도 사주의 대운(大運)이
좋은 곳으로 향할 때는 무사하고 흉한 운일 때는
큰 파란이 오므로 활동을 삼가고 자중하는 것
이 좋다.

년지(年支)	申 子 辰	寅 午 戌	亥 卯 未	巳 酉 丑
삼재(三災)	寅 卯 辰	申 酉 戌	巳 午 未	亥 子 丑

※ 삼재가 들어오는 나이

자오묘유생(子午卯酉生)	3세	15세	27세	39세	51세
인신사해생(寅申巳亥生)	7세	19세	31세	43세	55세
진술축미생(辰戌丑未生)	17세	23세	35세	47세	59세

제3장 12신살

1. 신살 붙이는 법

연지(띠)기준, 일지는 보조

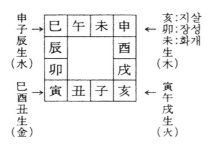

申子辰生(水)→

巳酉丑生(金)→

巳	午	未	申
辰			酉
卯			戌
寅	丑	子	亥

亥:지살
卯:장성
未:화개
←生(木)

寅午戌生(火)→

왼편 그림은 12신살을 꼽아 나가는 방법이다.

즉 申子辰生은 巳에서 겁살

　　亥卯未生은 申에서 겁살

　　寅午戌生은 亥에서 겁살

　　巳酉丑生은 寅에서 겁살

을 시작하여 그 다음자리를 재살(災殺), 천살(天殺), 지살(地殺), 연살(年殺), 망신살(亡身殺), 장성(將星), 반안, 역마, 六害, 화개 순으로 붙인다. 모두 순행(順行)한다.

※ | ←삼재→ |

구분　　　　년지　　　일지	겁살(劫殺)	재살(災殺)(囚獄)	천살(天殺)	지살(地殺)(指背)	연살(年殺)(桃花)	월살(月殺)	망신(亡身)	장성(將星)	반안(攀鞍)	역마(驛馬)	육해(六害)	화개(華蓋)
申子辰水	巳	午	未	申	酉	戌	亥	子	丑	寅	卯	辰
亥卯未木	申	酉	戌	亥	子	丑	寅	卯	辰	巳	午	未
寅午戌火	亥	子	丑	寅	卯	辰	巳	午	未	申	酉	戌
巳酉丑金	寅	卯	辰	巳	午	未	申	酉	戌	亥	子	丑
	←발생기→			←양육기→			←활동기→			←후퇴기→		

2. 12신살 상호관계

● 相沖관계

겁살 ——————— 망신살

재살 ——————— 장성

천살 ——————— 반안

연살 ——————— 육해

지살 ——————— 역마

월살 ——————— 화개

● 삼합과의 관계

다음과 같이 암기해 두면 즉시 신살을 알아낼 수 있다.

年日 신살	申子辰	亥卯未	寅午戌	巳酉丑	
겁 살	巳	申	亥	寅	삼합끝자의 다음자리
재 살	午	酉	子	卯	가운데자와 상충자리
천 살	未	戌	丑	辰	첫자의 바로 앞자리
지 살	申	亥	寅	巳	삼합의 첫자
년 살	酉	子	卯	午	삼합의 첫자의 바로 다음
월 살	戌	丑	辰	未	삼합의 끝자의 충자리
망신살	亥	寅	巳	申	가운데자(장성)의 바로앞
장성살	子	卯	午	酉	삼합의 가운데 자
반안살	丑	辰	未	戌	장성의 다음
역마살	寅	巳	申	亥	첫자(지살)의 沖자리
육해살	卯	午	酉	子	화개(끝자)의 앞자리
화개살	辰	未	戌	丑	三合의 끝자

3. 12신살의 해설

（十二운성과 六神과의 관계）

12 신살	겁 살	재 살	천 살	지 살	연 살	월 살	망 신	장 성	반 안	역 마	육 해	화 개
12 운성	포 (胞)	태 (胎)	양 (養)	생 (生)	욕 (浴)	대 (帶)	건 (建)	왕 (旺)	쇠 (衰)	병 (病)	사 (死)	묘 (墓)
6신 통변	칠 살 (七殺)	칠 살 (七殺)		편 인 (偏印)	인 수 (印綬)		겁 재 (劫財)	비 견 (比肩)	상 관 (傷官)	편 재 (偏財)		

◇ 겁살(劫殺)

겁(劫)은 외부에 빼앗기는 것이다. 십이운성 절지(絕地)에 해당하고 六神으로는 七殺에 해당한다. 五行이 克을 받아 끊어진 상태로 사방이 꽉 막혔다. 제반 일이 불리함은 물론 생명까지도 위험하며 질병 등의 근심이 있다.

●七殺 편관에 해당하므로 격식이 좋으면 殺이 변하여 권(權)이 된다. 총명하고 민첩하며 용감하여 큰뜻을 품고 공을 세운다.

●격식이 나쁘면 무뚝뚝하고 안으로 독이 있으며 무정, 혹독하다. 고집이 있으며 평생 질병이 따른다.

●겁살과 원진 공망이 겹쳐 있으면 도심(盜心)이 있다. 金

火가 같이 있으면 칼에 상하고 교통사고 등의 재난이 있다.

• 주위가 벽으로 둘러싸여 있다. 사방에서 괴롭히고 공격해 오는 적이 많다. 근신하고 기다려야 하며 처리해야 할 책임이 무거워지는 때이기도 하다.

• 망동하면 관재시비가 생기고 刑을 사는 경우도 있다.

◇ 재살(災殺)

一名 수옥(囚獄)살이라고도 한다. 관재구설, 시비다툼, 질병과 화재, 교통사고 등의 재앙이 있는 것으로 본다.

• 월재살(月災殺) : 부모덕이 없으며 스님될 팔자이다. 여자는 무녀(巫女)되기 쉽다. 역마살과 함께 있으면 무녀가 확실하다. 몸에 흉터가 있고 아니면 도적에게 크게 한번 놀랄 것이다.

• 일재살(日災殺) : 초년에 질병이 많다. 부부상별 아니면 관액(官厄)을 한번 당한다. 자식운세도 불길하니 기도 정성이 필요하다.

• 시재살(時災殺) : 재산복은 있으나 풍파가 많으며 항상 고단하다. 인생일대에 인복이 없으니 한탄이 많다.

◇ 천살(天殺)

부모우환, 상관문책, 정신적 고통이 있다.

• 월천살(月天殺) : 항상 심장병, 간장병을 주의하라. 초년은 가난하나 중년부터 재산복이 많다.

• 일천살(日天殺) : 평생에 인덕이 없으며 자주 구설이 있다. 조실편친(早失片親)할 운이며 말년에는 성공한다.

• 시천살(時天殺) : 유복자가 될 팔자이다. 자손덕은 없으나 장수하며 재복은 말년에 있다.

◇ 지살(地殺)(指背)

부모곁을 떠나거나 고향을 등지는 상이다. 원행, 출장, 이사, 출발, 배신 등으로 본다.

• 월지살(月地殺) : 어머니를 일찍 여의고 초년에 질병이 많다. 양모(養母)를 볼 것이다. 中年 이후는 부귀할 상이다.

• 일지살(日地殺) : 문학계통에 재주가 있고 열심히 한다. 재산과 수명 등도 좋은 命이다.

• 시지살(時地殺) : 재산복이 있으며 귀인도 있는 命이다. 원진살이 함께하면 수명이 50세 이내로 단명한다. 연살이 있으면 눈에 병이 있다.

◇ 연살(年殺)[1](咸地, 桃花)

이성과 색정에 빠지는 것으로 본다. 함지는 일몰(日沒)의 뜻이다. 12운성 목욕(沐浴)과 같으며 패신(敗神), 도화(桃花)라고 한다. 삼합 장생의 다음자리이다.

---

1) 연살 : 삼합오행을 생해주는 오행이 연살이 된다. 육신으로 인수에 해당하는데 12운성 목욕살에 속하고, 유혹, 이성간의 색정으로 푼다.

寅午戌生　卯가　함지
申子辰生　酉가　함지
亥卯未生　子가　함지
巳酉丑生　午가　함지이다.

함지살은 음욕, 색정의 신이다. 사춘기에 이성에 관심이 쏠리거나 이성을 잃고 색정에 빠지는 때에 해당된다.

생왕(生旺)하면 용모가 아름답고 주색을 탐하고 즐기는 것을 좋아한다. 때와 장소를 가리지 않고 가업을 잊고 주색에 빠지는 경향이 있다. 인품이 좋으면 빠지지는 않는다. 사주가 약하면 언행이 중심을 잃고 방탕하여 수명을 단축시킨다.

길신, 길성에 년살이 있고 양격이면 오히려 의식이 풍부하고 부인, 첩 등에 의하여 재물을 얻어 성공한다. 그러나 수액(水厄)이나 폐병에 걸리는 수가 있다. 여자는 화류계에 많다.

◇ 월살(月殺)

집안에 우환이 있고 장애물을 만난 상이며 일이 지체되고 답답한 상태이다.
 • 월월살(月月殺) : 19세~23세에 대신액무(大身厄無), 즉 부모 이별하고 몸이 산을 의지하니 스님될 팔자이다. 전심전력으로 노력하는 사람이 아니면 각종 풍파를 면하기 어렵다.
 • 일월살(日月殺) : 고향을 떠나서 자수성가한다. 연애 결혼 후 처자와 이별하거나 상처한다. 남자는 스님을 좋아하고 여자는 무당을 좋아하니 신자(神子)의 八字이다.

•시월살(時月殺) : 농업이나 상업에 종사하지 않으면 스님될 팔자이다. 부모, 형제, 자손까지 덕이 없고 말년에는 풍병(風病)까지 앓게 되니 소년시절에 건강을 玉과 같이 하라.

◇ 망신살(亡身殺)

자기 자신을 잊어버리고 비행을 저질러서 명예에 손상이 온다.

일명 관부살(官符殺)이라고 한다. 삼합회국오행(三合會局五行)이 지장간에서 설(洩)하는 것이다.

申子辰 合五行　水가　亥中의　甲木에　洩하고
巳酉丑 合五行　金이　申中의　壬水에　洩하고
亥卯未 合五行　木이　寅中의　丙火에　洩하고
寅午戌 合五行　火가　巳中의　戊土에　洩한다.

•길격과 길신을 보면 성질이 준엄하다. 모략이 교묘하고 투쟁을 잘하여 승리한다.

•흉격, 흉성을 보면 성질이 좁고 망상적이며 경박하다. 주색과 풍류를 좋아하고 족부(足部)에 질환이 있다.

•망신과 재관이 좋으면 부귀하는 명조이다. 七殺과 흉살이 겹쳐 있으면 조업(租業)이 없다. 虛名에 실속이 없고 간통죄로 걸려든다.

•사주원국에 망신이 붙으면 해당 육친이 부정한 것으로 본다.

•비밀스러운 이성관계로 인하여 패가망신하여 명예와 체면이 손상된다.

◇ 장성살(將星殺)

　文이나 武로서 큰 벼슬자리에 올라서 두령(頭領)이 되며 부하를 거느린다.

　● 장성과 양인이 동주(同柱)에 있으면 일국의 재정을 장악하고 국가에 총력을 기울이게 된다. 약한 미직을 택한다 하더라도 큰 會社의 재정을 장악한다.

　● 월장성(月將星) : 심성이 선하다. 문과쪽으로는 과거에 등용될 운이다. 군경 등에 입문하면 권세로 만리(萬里)를 희롱한다. 형제덕은 없으며 말년에는 고독한 사주다.

　● 일장성(日將星) : 문예통달하며 大官의 팔자이다. 처덕도 있고 자녀덕도 있으며 명진사해(名振四海)할 팔자이다.

　● 시장성(時將星) : 초년에 등과(登科)하여 평생을 행복하게 살 것이다. 文武가 겸비된 운명이다. 통솔력이 강하다.

◇ 반안살(攀鞍殺)

　말을 타고 떠나기 위해서 말안장을 말위에 얹는 상으로 설립하고 주선하여 준비하는 단계이다.

　● 월반안(月攀鞍) : 성격이 온순하며 착실하고 누구에게나 존경을 받을 것이다. 약비관록(若非官祿)이면 필히 평생직업에 풍류가 많을 것이다. 기술 방면도 吉하다. 月에 관대(冠帶)가 있으면 관록(官祿)으로 대성공한다.

　● 일반안(日攀鞍) : 사람이 어질고 귀인의 형상이며 대성공하는 팔자이다. 사주내에 천을귀인(天乙貴人)이 있으면 소년시절에 등과하며 귀인이 없으면 말년에 벼슬하리라.

● 시반안(時攀鞍) : 부와 호(豪)의 운명이다. 사주내에 역마와 화개가 있으면 文章 부귀한다. 40세와 50세의 중간에는 한번 大厄을 만나리라. 사주내에 월주 쇠(衰)가 있으면 불길한 사주이다.

◇ 역마살(驛馬殺)

● 역마는 십이운 병처(病處)에 해당한다. 병이 들어서 떠나야 하는 것이다.

● 역마는 이동, 변화, 월행, 해외진출, 운수, 활동 등의 의미로 본다.

● 활동적인 외교업무, 운수, 교통, 통신업무에 해당한다.

● 역마가 있고 격식이 왕성하면 임기응변과 재물융통 등의 재주가 있어 발전이 빠르다. 약하면 성격이 산만하고 유시무종(有始無終)한다. 평생 중심이 흔들리어 이동, 변화가 많다.

● 역마가 吉神과 같이 있으면 활동하여 이익이 크나 凶神과 같이 있으면 동분서주하여 고생이 많다.

● 財星역마이면 재산이 빨리 모이고 융통성이 좋다.

● 역마와 도식이 있으면 행상이나 외무사원 등으로 활동하나 재물의 저축이 어렵다.

● 유년기 역마운엔 토하는 병, 노년기 역마운엔 허리가 아픈 병이 생긴다.

● 冲이 되면 말에 채찍질을 하는 것과 같고, 合이 되면 말을 매어둔 것과 같으며, 공망이면 말이 병든 것과 같다.

● 역마에 冲, 刑殺 등의 흉신이 있으면 교통사고를 당한다.

● **寅巳**역마는 비행기, 申은 자동차, 亥는 배로 본다.

◇ 육해살(六害殺)

쇠약해져서 질병이 찾아온다. 직장에서 좌천당하거나 견책을 당한다. 사업의 쇠퇴기이고 불안하다. 음해하는 사람이 많아서 고통을 당하는 때이다.

● 월육해(月六害) : 성격은 급하고 독하며 백사불리(百事不利)하다. 부모를 일찍 이별하고 어려서 고향을 떠난다. 외부내빈격(外富內貧格)으로 고독하게 산다. 子孫도 사별 또는 이별하게 되는 운세이다.

● 일육해(日六害) : 인덕도 없고 재복도 약하다. 고진살(孤嗔殺)이 있으면 40살 이내에 걸식하는 팔자이거나 아니면 佛子가 되는 운명이다.

● 시육해(時六害) : 수입도 없는 일에 바쁘기만 한 운명이다. 형제는 없는 팔자이며 있어도 헤어진다. 成敗가 엇갈린다. 가산이 여러번 파산되었다가 다시 모여지는 굴곡이 많은 운명이다.

◇ 화개살(華蓋殺)

화개는 五行의 기(氣)가 묘(墓)에 들어간 형상으로 기(技), 예(藝), 승도 등으로 본다. 따라서 辰, 戌, 丑, 未가 해당되고 세속적인 것과 인연이 없게 된다.

● 문장이 교묘하고 지혜가 깊다. 官, 印, 天德 등이 있으면

명예와 지위가 높다.

- 예술방면에 소질이 있고 청고(淸高)하게 산다. 공망이면 자녀를 극하고 남자는 승려가 된다. 여자는 비구니나 기생, 妾이 된다.
- 여자는 지혜는 있으나 색정에 빠진다.
- 양인과 같이 있거나 공망이면 다재다능하나 성취되는 것이 없다.
- 형제와 인연이 없고 양자나 서자(庶子)의 命이다.
- 沖, 刑을 만나면 학술, 기예, 종교 등으로 동분서주한다.

12신살 해설표

四柱 神殺	年	月	日	時
겁살 (劫殺)		부모형제이산 고독, 객지생활	부부이별 불구, 폐질	자손끊김 노상횡액
재살 (災殺)		육친무덕 상처 질병고생	상처, 관재 失物	고생, 자식, 노비, 흩어짐, 흉터
천살 (天殺)		심장, 간이상 형제덕 없다	부친무덕, 친척무덕, 구설	낙상
지살 (地殺)	일찍타향살이, 부모등진다 고생	부모망하고 질병, 두부모 섬긴다	문장력 부부궁 약하다	말년부귀 자녀떠난다

四柱\神殺	年	月	日	時
연살 (年殺)		부모색정빠짐 어려서 연애	주색, 풍족, 부부파탄	분주, 늦바람
월살 (月殺)		부모스님, 신불을 좋아함	신기있고, 질병, 부부풍파	입산귀의
망신 (亡神)		자당님이 후처 나 첩살이, 혹은 두분, 실수가 많다	처궁이 불미 스럽다. 만혼이 좋다.	재산탕진, 자식연애
장성 (將星)	조상에 Top 권력가	부모가 권력가, 형제덕 없다 극부	자신이 권력가, 잘못되면 깡패, 해결사	자식이 권력가, 말년이 좋다
반안 (攀鞍)		부모가 참모급 벼슬	처궁이 좋다	부호 자궁이 좋다
역마 (驛馬)		성품이 순수, 관록과 부를 일 으키나 못되면 허송세월	장사로 재물 얻는다. 처궁에 풍파 금실 안좋다	분주, 풍파가 많다. 중첩하지 말 것
육해 (六害)		부모가쇠퇴, 큰집에 가난 한 사람	자기대에 가산탕진	일 번거룹고 막힘 형제가 드뭄
화개 (華蓋)	총명,재주,고독 조상때 학자, 도덕군자	부모궁에 고생이 있다	처궁이 없어진다.	자손이 끊긴 다.

공망(空亡)

1. 공망론(空亡論)(天中殺)

사주에서 日柱를 기준으로 日支에는 해당되지 않고 年柱에
나 月時支에만 해당된다. 天干(十干)과 地支(十二地支)를 짝
을 맞추어 나가면 2개의 地支가 남게 된다. 이 남은 2개를 空
亡이라 한다.

천간은 10개이고 지지는 12개이므로 천간과 지지를 짝을 맞
춰나가면 2개가 남는다. 이 짝이 없는 두개가 공망이 된다. 아
래의 표에서 순중 [旬中]이라고 하는 것은 10을 의미하는 것
으로 갑자순중 술해가 공망이라는 것은 갑자, 을축, 병인, 정
묘, 무진~계유까지는 술과해가 공망이라는 이야기다.

十干과 12支를 짝맞추어 보면 결국 10개로 짝 맞추어 떨어
지고 나머지 2개가 남게 된다. 이 十으로 한번 도는 것을 순중
이라 한다.

공망은 사주의 本運命을 헛되게 하는 역할을 한다.

사주에 吉星이 있는데 공망이 있으면 그 길성이 작용하지
못하고 헛되게 되는 수가 있다. 四柱에 흉성(凶星)이 나타나
있는데 공망이 있으면 도리어 좋은 運으로 만들때가 있다.

甲子	旬中	戌亥	空亡
甲戌	旬中	申酉	空亡
甲申	旬中	午未	空亡
甲午	旬中	辰巳	空亡
甲辰	旬中	寅卯	空亡
甲寅	旬中	子丑	空亡

※旬頭基準이면 앞 2자리가 空亡이고

旬末 基準이면 뒤 2자리가 空亡이다.

2. 공망을 보는 법

일간지를 중심으로 地柱의 간지를 비교하여 공망을 알게 된다.

예 :

시	일	월	연	구분
○	甲	庚	○	사
○	申	㊀	○	주

생월에 午가 생일의 甲申에 공망되므로 이 사주는 생월에 공망이 된다고 한다.

◇ 사주 地支에 따라 공망이 되는 운세

年支空亡 : 조상의 덕과 업이 빈약하다.

月支空亡 : 형제와 인연이 없고 인덕이 없다.

時支空亡 : 자식운이 약하다.

年, 月, 日, 時 모두 공망이면 오히려 좋은 현상이 나타난다.

甲子	乙丑	丙寅	丁卯	戊辰	己巳	庚午	辛未	壬申	癸酉	戌亥가 공망
甲戌	乙亥	丙子	丁丑	戊寅	己卯	庚辰	辛巳	壬午	癸未	申酉가 공망
甲申	乙酉	丙戌	丁亥	戊子	己丑	庚寅	辛卯	壬辰	癸巳	午未가 공망
甲午	乙未	丙申	丁酉	戊戌	己亥	庚子	辛丑	壬寅	癸卯	辰巳가 공망
甲辰	乙巳	丙午	丁未	戊申	己酉	庚戌	辛亥	壬子	癸丑	寅卯가 공망
甲寅	乙卯	丙辰	丁巳	戊午	己未	庚申	辛酉	壬戌	癸亥	子丑이 공망

● 甲戌日柱인 사람이 申酉가 있다면 申酉는 甲에 대하여 官星이 되는데, 관성이 空亡이므로 관운이 없다고 보는 것이다.

3. 공망의 응용

空은 비어있는 것이고 亡은 잃은 것이다. 일명 **天中殺**이라 하고 생일을 기준으로 본다.

대운 공망과 격국 용신에는 공망론을 취하지 않는다.

● 命中의 흉신과 악살을 공하면 흉이 해소된다.

● 공망이 있고 신왕하면 도량이 크나 평생 허명이 된다. 그러나 의외의 복이 따른다. 약하면 평생 고생이 많다.

● 祿馬, 貴人이 있는 곳을 공망하면 吉이 흩어진다.

● 연, 월, 일, 시, 호환(互換)공망이면 복이 약하고 吉중에 흉이 있다.

「호환공망」이란 각 기둥을 기준으로 서로 공망이 된 경우이다.

● 生時 공망이면 허영심과 고집이 강하다.

● 건록공망하면 명리가 있어도 결과가 없다.

● 同一句中의 공망에 해당하는 부부는 동고동락 해로한다. 즉, 남자가 甲子日生이고 여자가 乙丑日生이면 동일순중 공망(戌亥)인 경우이다.

● 財星을 공망하면 재물에 냉담하고 이익을 다투지 않는다. 남성은 여성에 무심하다.

● 官星이 공망이면 명예를 구하지 않는다.

여자는 남편에 관심이 없다.

156

예 :

시	일	월	연	구분
己	㊙	壬	戊	사
巳	午	午	午	주
○				공망

〈풀이〉

일주인 甲午는 시주인 巳에서 공망이 된다. 이 사주는 실제로 자식으로 남자가 9명 있었으나 4명을 잃고 지금은 5명이 남아 있는 경우이다.

예 :

시	일	월	연	구분
丙	乙	丙	甲	사
子	巳	寅	子	주
		○		공망

〈풀이〉

甲子生 「乙巳日」은 甲辰旬中에 있어 寅卯가 공망이므로 월지공망이 된다. 육신으로는 겁재가 공망으로 형제 인연이 없다.

지장간(地藏干)

1. 지지장간(地支藏干)

十二地支 속에 숨어있는 十干을 지장간이라 한다. 天干은 天元(천원)이다. 地支는 地元이요, 黃天地의 중간에 살고있는 인간은 地支속에 암장되어 있는 장간으로 人元을 삼는다.

◇ 여기(餘氣)(初氣)

앞절기(節氣)의 영향을 받고 있다고 하여 前月支의 五行과 동일한 五行을 취한다.

◇ 중기(中氣)

삼합하여 변한 五行의 干을 쓰되 사맹지지(四孟地支)(寅申巳亥)는 陽干을, 사고지지(四庫地支)(辰戌丑未)일 때는 陰干을 쓴다.

◇ 정기(正氣)

해당 地支와 동일한 五行을 쓴다. 예컨데 子는 水인데 水와 동일한 天干은 癸水가 된다.
다만 水와 火만 음·양을 바꿔 쓴다.

2. 지 장 간 표

月	11月	12月	1月	2月	3月	4月	5月	6月	7月	8月	9月	10月
地支	子	丑	寅	卯	辰	巳	午	未	申	酉	戌	亥
正氣	癸 20	己 18	甲 16	乙 20	戊 18	丙 16	丁 20	己 18	庚 16	辛 20	戊 18	壬 16
中氣		辛 3	丙 7		癸 3	庚 7		乙 3	壬 7		丁 3	甲 7
餘氣	壬 10	癸 9	戊 7	甲 10	乙 9	戊 7	丙 10	丁 9	己 7	庚 10	辛 9	戊 7

□ : 제왕처럼 왕성한 氣로 10~20日 관장

○ : 장생처럼 약한 경우 분할하여 7日, 7日, 16日 담당

△ : 묘도기가 약하여 9日, 3日, 18日 작용

3. 월율장간조견표

支 生日	子	丑	寅	卯	辰	巳	午	未	申	酉	戌	亥
절입후 5 日	壬	癸	戊	甲	乙	戊	丙	丁	己	庚	辛	戊
6 日						庚						
7 日												
8 日			丙						戊			甲
9 日												
10 日		辛			癸			乙			丁	
11 日	癸		乙					乙	壬	辛		
12 日												
13 日		巳			戊			巳			戊	壬
14 日									庚			
15 日			甲			丙						
16 日												
17 日												
18 日												
19 日												
20 日 이후							丁					

子午卯酉 － 전정(專正)의 氣

寅申巳亥 － 왕세(旺勢)의 氣

辰戌丑未 － 잡기(雜氣)의 氣

예 : ① 日柱가 甲이고 생일이 1月 5日이면?

寅月 즉 1月의 初氣(餘氣)는 戊土가 7日을 관장하므로 이 경우는 戊土가 생산해낸 甲임을 알 수 있다.

② 日柱가 甲木이고 生日이 1月 16日이면?

寅月의 戊土가 7日, 丙火가 7日, 합한 14日이 지나야 16日인 生日이므로 이는 甲이 生産한 것이다.
즉, 正氣를 알았다면 이것을 日干에 대조하여 六神을 찾아내야 하는데 그 찾는 방법은 六神찾는 法과 同一하다.

• 일간이 甲木일 경우(육신표출표 참고)

子의 정기는 癸水이므로 인수(印綬)	午의 정기는 丁火이므로 상관(傷官)
丑의 정기는 己土이므로 정재(正財)	未의 정기는 己土이므로 정재(正財)
寅의 정기는 甲木이므로 비견(比肩)	申의 정기는 庚金이므로 편관(偏官)
卯의 정기는 乙木이므로 겁재(劫財)	酉의 정기는 辛金이므로 정관(正官)
辰의 정기는 戊土이므로 편재(偏財)	戌의 정기는 戊土이므로 편재(偏財)
巳의 정기는 丙火이므로 식신(食神)	亥의 정기는 壬水이므로 편인(偏印)

시	일	월	연	구 분
己 亥	丙 辰	戊 戌	辛 卯	사 주
壬	戊	戊	乙	正氣
傷官	自身	食神	正財	天星
偏官	食神	食神	正印	地星

시	일	월	연	구 분
甲 寅	癸 巳	壬 辰	丙 戌	사 주
甲	丙	戊	戊	正氣
傷官	自身	劫財	正財	天星
傷官	正財	正官	正官	地星

육신(六神)

　　일간을 중심으로 음양과 오행을 구분하면 10가지가 되는데
이를 六神이라 한다. 비견, 겁재, 식신, 상관, 편재, 정재, 편
관, 정관, 편인, 정인의 열가지이다.

　　이 六神은 운명감정에 일어나는 여러가지 사실을 직접 분석
하고 대조한다. 아래 도표에서 보듯 다섯가지 작용과 나 자신
을 포함하여 여섯가지가 되므로 육신이라고 한다. 사주의 조
직과 그 소재를 파악하여 운명에 미치는 영향의 경중(輕重)과
왕쇠(旺衰)를 論하여 판단하는 것이다.

　　六神은 六親이라고도 하는데 부모, 형제, 처, 남편, 자식과
자기를 중심으로 하여 가정이나 社會에서 전개되는 모든 현상
을 말하기도 한다.

구　분	六神	뜻	예
비아자	비견	日干과 五行이 같고 陰陽이 同一	甲見甲
(比我者)	겁재	日干과 五行이 같고 陰陽이 다른것	甲見乙
아생자	식신	내가 生한 것으로 陰陽이 同一	甲見丙
(我生者)	상관	내가 生한 것으로 陰陽이 다른 것	甲見丁
아극자	편재	내가 克한 것으로 陰陽이 同一	甲見戊
(我克者)	정재	내가 克한 것으로 陰陽이 다른 것	甲見己
극아자	편관	나를 克한 것으로 陰陽이 同一	甲見庚
(克我者)	정관	나를 克한 것으로 陰陽이 다른 것	甲見辛
생아자	편인	나를 生한 것으로 陰陽이 同一	甲見壬
(生我者)	정인	나를 生한 것으로 陰陽이 다른 것	甲見癸

제1장 육신의 작용

비겁(比劫) : 食傷을 生하고 財를 克한다. 木을 기준으로 (木)
식상(食傷) : 財를 生하고 官을 克한다.　　　　　　　　　(火)
재성(財星) : 官을 生하고 인성(印星)을 克한다.　　　　 (土)
관성(官星) : 印을 生하고 比劫을 克한다.　　　　　　　 (金)
인성(印星) : 比劫을 生하고 食傷을 克한다.　　　　　　 (水)

◇ 용어 해설
비겁(比劫) : 비견과 겁재를 합쳐서 칭하는 말
재성(財星) : 정재와 편재를 합쳐서 칭하는 말
관성(官星) : 정관과 편관을 합쳐서 칭하는 말
식상(食傷) : 식신과 상관을 합쳐서 칭하는 말
인성(印星) : 인수와 편인을 합쳐서 칭하는 말
인비(印比) : 인성과 비겁을 합쳐서 칭하는 말
재관(財官) : 재성과 관성을 합쳐서 칭하는 말

※上印下財左食右官中比劫財

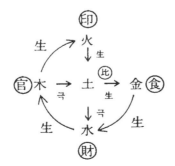

육 신 표 출 표

天干 地支 六神	비견	겁재	식신	상관	편재	정재	편관	정관	편인	인수
甲 干	甲	乙	丙	丁	戊	己	庚	辛	壬	癸
甲 支	寅	卯	巳	午	辰·戌	丑·未	申	酉	亥	子
乙 干	乙	甲	丁	丙	己	戊	辛	庚	癸	壬
乙 支	卯	寅	午	巳	丑·未	辰·戌	酉	申	子	亥
丙 干	丙	丁	戊	己	庚	辛	壬	癸	甲	乙
丙 支	巳	午	辰·戌	丑·未	申	酉	亥	子	寅	卯
丁 干	丁	丙	己	戊	辛	庚	癸	壬	乙	甲
丁 支	午	巳	丑·未	辰·戌	酉	申	子	亥	卯	寅
戊 干	戊	己	庚	辛	壬	癸	甲	乙	丙	丁
戊 支	辰·戌	丑·未	申	酉	亥	子	寅	卯	巳	午
己 干	己	戊	辛	庚	癸	壬	乙	甲	丁	丙
己 支	丑·未	辰·戌	酉	申	子	亥	卯	寅	午	巳
庚 干	庚	辛	壬	癸	甲	乙	丙	丁	戊	己
庚 支	申	酉	亥	子	寅	卯	巳	午	辰·戌	丑·未
辛 干	辛	庚	癸	壬	乙	甲	丁	丙	己	戊
辛 支	酉	申	子	亥	卯	寅	午	巳	丑·未	辰·戌
壬 干	壬	癸	甲	乙	丙	丁	戊	己	庚	辛
壬 支	亥	子	寅	卯	巳	午	辰·戌	丑·未	申	酉
癸 干	癸	壬	乙	甲	丁	丙	己	戊	辛	庚
癸 支	子	亥	卯	寅	午	巳	丑·未	辰·戌	酉	申
	손損재財	손損재財	천天주廚	퇴退재財	대大재財	극克모母	칠七살殺	녹祿마馬	도倒식食	산産업業
	극克첩妾	극克부父	수壽성星	모耗기氣	투投자資	현現금金	관官귀鬼	영榮신神	효梟신神	정正인人
육 친	형兄제弟 · 붕朋우友	제弟 매妹	자子 녀女	자子 녀女	편偏첩妾 · 부父친親	정正 첩妻	편偏부父 · 자子녀女	정正 부夫	편偏모母 · 이母	정正 모母

※地支의 경우 子亥巳午를 음은 양으로 양은 음으로 보아서
육신을 표출한다.

예 : 甲이 子를 보면 子를 음으로 보니 정인(正印)이 된다.
　　　甲이 午를 보면 午를 음으로 보니 상관(傷官)이 된다.

　六神을 表出할 때는 아래와 같은 원리가 적용되고 항상 上印, 下財, 在食, 右官, 中比劫이다.

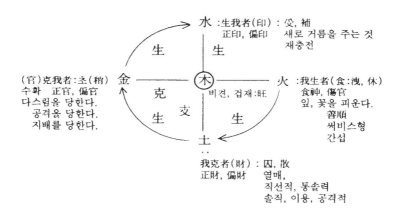

◇ 육신의 상호관계

	生	克
비견(比肩), 겁재(劫財)	木生火 → 식신, 상관	木克土 → 재
식신(食神), 상관(傷官)	火生土 → 재	火克金 → 관
재(財)	土生金 → 관(官)	土克水 → 인(印)
관(官)	金生水 → 인(印)	金克木 → 비견, 겁재
인(印)	水生木 → 비견, 겁재	水克火 → 식신, 상관

제 2 장   육신이 상징하는 것들

六神	象意	性向	吉	凶
비견	頭角 競爭	경쟁성, 투쟁적, 독립심	인기돌출, 배짱, 투지	고집, 독단, 자유, 손재, 도박(투기), 극처, 극부
겁재	損財 分難	투기성, 승부성	속임수에 능함, 협조적, 동업, 지점	도적, 사기, 실물, 부부이별
식신	進出 食祿	활동성, 성실성	상냥, 적극적, 확장	盜氣, 빼앗긴다, 사기, 돈뗀다, 무기력
상관	移脫 融通	비행성, 냉소적	재주, 꾸미는 일, 멋, 기술	비행, 말썽, 이탈, 삐딱하고 범법적, 구설, 경솔, 관재
정재	誠實 現金	근검성, 타산적	성실, 근면, 꼼꼼, 돈관계	고지식, 타산적, 깍쟁이
편재	負債 大財	융통성, 사업적	통솔력, 지배, 이용, 융통, 영웅적	금전낭비, 풍류, 빚(부채)
정관	職場 表彰	정직성, 순종적	모범적, 정직, 준법적, 순종	소심, 의타심, 소극적, 기가 약하다
편관	官災 移動	권위성, 반항적	용감, 희생, 의협, 투쟁적	고생, 풍파, 관재(소송), 천대, 고독
정인	地位 名譽	정당성, 명분적	인품, 훌륭, 존경, 박식, 젊잖다, 신중, 유산, 귀인	재산부족, 활동력 부족
편인	赤字 失職	편굴성, 추상적	한가, 고상, 이상높다, 예술, 학문	到食, 재복적다, 나태, 활동력적다, 식성이 까다롭다

※참 고

• 육신중 正字 : 선 : 순리

　　　偏字 : 악 : 逆 : 도둑, 적을 잡는다, 병원수술

이때 선신은 도와주어야 좋고, 악신은 억제해 줘야 좋다.

• 4흉신 : 겁재, 상관, 편관, 편인

• 4길신 : 식신, 정관, 정인, 정재

1. 성격 및 특성

1) 비견

의지가 강하고 독단적이며 자신감이 강하다. 강한 기질 때문에 시비 다툼이 많고 주위사람과 원만히 어울리지 못하는 편이다.

특히 비견은 財를 극하므로 비견이 많으면 부부간에 다툼이 심하고 이별하는 경우가 많으며, 형제간에도 불화가 있다. 사회적으로는 독립적인 자유업에 종사하면 좋다. 재물에 대한 욕심도 강하여 타인의 재물을 탐낸다. 격식이 좋으면 재산을 모으는 재주는 있으나 저축이 되지 않는다. 낭비가 심하며 수입보다 지출이 많게된다.

2) 겁재

비견과 비슷한 성향을 가지고 있으며 이중인격인 경우가 많다. 투기심이 있고 도박을 좋아한다. 격식이 나쁘면 사기성이 있고 타인의 재물을 빼앗으려는 마음이 있다. 이기적이고 각박하다. 양인이 같이 있으면 내심(內心) 독기가 있고 인격이 떨어진다.

3) 식신(食神)

 비밀이 적고 사교적이며 성실하고 부지런하다. 음식을 잘먹고 주위사람과 친하려는 마음을 가지고 있다. 봉사정신이 있어 남을 이롭게 하며 상대방 심리를 잘 간파한다. 신체는 비대한 편이며 먹을 것이 풍족하고 건강하여 장수한다. 식신이 강하면 경솔하고 말이 많으며 실수가 많다. 생각이 깊지 못하고 말이 앞섬으로 구설수도 있다. 身弱이면 반대로 그 특성이 마음에만 있을 뿐 겉으로 드러나지 않는다.

4) 상관(傷官)

 총명하고 다재다능하여 융통성이 좋다. 뽐내는 성향이 있어 상대방을 무시하고 냉소적이며 비판하고 꺾을려고 한다. 말을 잘 꾸미고 업무도 유능하게 처리하나 잔재주인 경우가 많다. 깊이가 없는 것이 흠이다. 자기 멋대로 하는 성품때문에 구속된 생활을 싫어하고 반항적이다. 항상 이탈심이 있어서 집을 나가거나, 한가지 일이나 직장에 오래 견디지 못한다. 자꾸 바꾸고 고치고 변화시켜서 개혁하려는 의지가 강하다.

5) 편재(偏財)

 성품이 활달하고 理財의 능력이 있어서 항상 금전 융통을 잘한다. 사람을 이용하고 통솔하는 재주가 있어 모든 일을 남에게 시키어 진행하는 편이다. 풍류를 좋아하고 우물쭈물하는 것을 싫어하여 즉석에서 시원스레 일을 처리한다. 남을 잘 돌봐주는 한편 교제에도 유능하여 폭넓은 생활을 한다. 돈도 잘 쓴다. 남자는 여자를 좋아하여 풍파를 겪기도 한다.

6) 정재(正財)

성실하고 검소한 생활을 하며 살림도 규모있게 잘한다. 일도 꼼꼼하고 빈틈없이 처리하니 경리, 재정, 관리직에 유능하나 고지식한 것이 흠이다.

인색하고 타산적이며 재물에 집착심이 강하다. 너무 합리적이고 실질적인 것을 추구하므로 멋이 없고 여유가 없어서 주위 사람들로부터 미움을 산다.

7) 편관

의협심이 강하고 항쟁심이 있어 반항적이고 급진적이다. 세력을 내세워 권위로서 지배하려고 한다. 자기의 목적을 위하여 타인을 이용하려는 마음이 있다. 권모술수에 능하고 영민하나 허풍과 과장이 있다. 모험심이 강하고 기회에 민감하며 과단성이 있다.

身弱이면 항상 막히고 괴로운 일이 많으며 타인의 중상을 받는다. 의타심이 있다.

身旺하고 殺도 강하면 모든일에 유능하고 남의 일도 잘 보

아준다. 승부욕이 강하여 권세를 잡는다. 인성(印星)과 化하
면 화순(和順)하고 이성적인 편이다.

양인(羊刃)과 같이 있으면 권력을 잡아 성공한다.

8) 정관

성실하고 정직하며 正事를 좋아하고 공명심이 높다. 모범적
이고 순종하며 분수껏 행동한다. 책임감이 강하고 준법정신이
강하다. 관운이 좋아서 승진이 잘된다. 신약하면 소심하고 권
리·주장이 약하여 큰일을 맡기는 어렵다. 관살 혼잡하면 천
명(賤命)이다. 여자는 남편운이 좋다.

9) 편인(偏印)

임기응변의 재주가 있어 기회를 잘 잡는다. 기획력이 있다.
예술적인 방면에 소질이 있고 기발한 생각 등을 잘한다. 학예
를 좋아하고 발명, 발견 등의 재능이 있다. 일의 시작은 잘하
나 끝이 흐리다. 싫증을 빨리 느끼며 나태하다. 급하고 느린
것이 일정하지 않다. 성격은 까다로우나 재치가 있다.

10) 정인(正印)

총명 박식하고 사려가 깊다. 정인군자와 같아 처세가 신중
하고 자존심이 강하다. 생각이 깊으나 활동력이 약한 것이 흠
이다. 청고하게 살려고 하므로 재물과 인연이 멀다. 이기주의

자이며 명예욕이 강하다. 직접 재산을 벌어들이지 못하고 남이 갖다 주는 재물로 살아간다. 부모 조상의 덕을 보고 만인의 존경대상이 되고자 한다.

2. 육신과 육친관계

	비견	겁재	식신	상관	정재	편재	정관	편관	정인	편인
남자의 경우	형제	제매(第妹)	손(孫)·장모	손녀·조모	처·숙부	부·첩(父·妾)	자녀·외조모	자녀·조카	정모(正母)	편모(偏母)
여자의 경우	형제	제·매	자녀	자녀	고숙(姑叔)	부친	正夫	편부(偏夫)·부형제(夫兄第)	정모(正母)	편모(偏母)

비견 |
겁재) 나와 동등한 위치 : 형제, 친구, 이웃, 동료, 도반

식신 | 내가 돌봐 줄 사람 ｜ 여자의 경우는 자녀
상관) 나한테 물려 받을 사람 ：남자의 경우：종업원, 식솔,
    하인, 식모, 가축

편재 | 편재 : 父, 일상적으로는 여자들
정재) 내가 지배하는 사람 : 정재 : 妻, 직속부하, 통솔직원

편관
정관 $\Big)$ 나를 지배하는 사람

편관 : 男子의 경우 子女 : 일상
적으로는 상관, 관리, 적,
귀신, 외간남자
정관 : 여자의 경우 夫

편인
정인 $\Big)$ 나를 낳아주고,
후원하는 사람 $\quad:$

정인 : 母, 친정, 귀인, 어른들
편인 : 이모, 계모, 조상

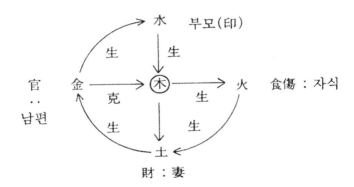

◇ 남자의 경우

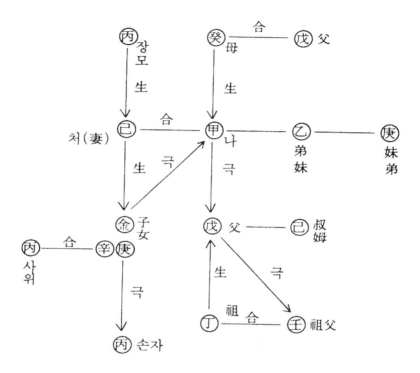

　정재가 처가 되고 처를 낳은 식신 火가 장모가 된다. 처가
낳은 金이 관성인데 자식이다. 그 자식의 자녀가 손자이니 식
신이고 딸(辛)과 결혼한 남편 丙火는 사위도 되는 것이다.
　나를 낳은 인수가 모친이요 모친과 합한 戊土 편재가 부친
이 된다. 부친을 낳은 丁火가 할머니이다. 할머니와 합한 壬水
가 祖父로서 부친의 편재에 해당한다.

남자의 경우 : 식신 – 장모, 손자녀, 사위
              편인 – 할아버지
              상관 – 할머니
              편관 – 매제

◇여자의 경우

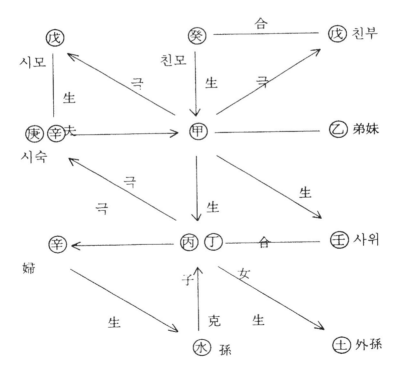

나를 극하는 官星이 남편이요. 남편을 낳은 시모는 戊土이다. 나와의 관계는 편재에 해당하여 고부간의 사이는 숙명적으로 相克관계이다. 자식 중 아들의 처인 辛金과도 역시 관계이다. 딸과 결혼한 壬水는 사위가 되고 딸이 낳은 자식이(土) 외손에 해당한다.

이렇게 추리해 나가면 더 구체적인 육친관계까지도 알아낼 수가 있다.

여명의 경우 : 편재―시어머니

　　　　　　편인―사위

　　　　　　재성―외손자녀

　　　　　　관성―며느리, 시숙

3. 六神과 외모의 특색

●비견 : 외견 강해보이고 키도 큰편이다. 눈빛도 강하며 특히 여자는 남자상으로 보인다(강해보인다).

●겁재 : 비견과 비슷하나 인상이 더욱 험악하여 용모가 떨어진다(험악하다).

●식신 : 신체가 풍후하여 키도 크고 뚱뚱한 것이 특색이다. 身弱이면 키는 크지 않다(풍후하다).

●상관 : 홀쭉한 경우가 많고 몸매가 쭉 빠진 모습이다. 격식이 좋으면 용모가 아름답다(멋쟁이).

●정재 : 빈틈없어 보이고 야무진 체격으로 아담한 편이다(빈틈없다).

●편재 : 얼굴이 잘난편은 아니나 위압감이 있다. 사교적이고 활동적이며 탁해보인다(두툼하다).

●정관 : 네모난 얼굴에 균형이 잡혀있다. 정직하고 성실한 인상을 풍기며 용모가 단정하다(단정하다).

●편관 : 편관이 많으면 키가 작고 독기가 있어 보인다. 신강이면 기골이 장대하고 무골형이다(장대하다).

●정인 : 단정하고 점잖아 보인다. 체격은 보통에 학자적 풍모가 보인다(점잖다).

●편인 : 왜소하거나 균형을 잃은 모습이다. 괴팍하거나 까다로운 타입이고 깡마른 체구가 많다(왜소하다).

같은 것이 많을수록 그 특성이 강하고 격을 이루는 六神일 때 더욱 강하게 나타난다.

4. 六神에 따른 직업의 분류

• 비견 : 자유업, 체육인, 독립사업, 대리점 경영, 건축업, 납품업

• 겁재 : 투기업, 증권투자, 부동산업, 수금업

• 식신 : 직장생활, 공무원, 음식물업, 식당, 요식업, 슈퍼마켓, 교사, 고아원

• 상관 : 기술직, 비평가, 교육가, 의사, 수리업, 문필가, 기자, 가수, 예술인

• 정재 : 공무원, 경리, 재정분야, 물품관리직, 은행가, 계리사 및 회계사, 세무사

• 편재 : 사업가, 금융업, 무역업, 은행가, 관리직, 수금사원, 부동산업, 유흥업

• 정관 : 공무원, 회사원, 총무, 서무, 비서, 행정직

• 편관 : 군인, 경찰, 청부업, 건축업, 중개업, 용역사업, 관리책임자, 경비원

• 정인 : 학예, 정치가, 문인, 교사, 종교인, 생산업, 학원경영, 출판문화계, 언론인

• 편인 : 예술가, 문필가, 화가, 의사, 역술가, 약사, 기획설계분야, 광고물제작, 출판, 문화사업, 인쇄업, 언론인

• 양인 : 체육인, 군인, 경찰, 의사, 정육점, 목수, 철공장, 재단사, 이발사, 미싱사, 침술, 제재소, 검사, 미용사

5. 六神에 따른 말투와 음성의 특성

● 비견 : 목소리가 강하고 쨍쨍하게 울린다. 자신있는 목소리이며 굽히지 않는다.

● 겁재 : 욕설을 많이 한다. 거짓이 있다.

● 식신 : 부드럽고 상냥한 목소리로 조심스럽다. 상대방의 기분을 잘 맞추어 말한다.

● 상관 : 매끄럽고 유창한 목소리다. 비꼬고 냉소적으로 말하며 상대방의 말을 꺾는다.

● 정재 : 꾸밈없이 소박하고 실질적인 말을 하나 힘이 있다. 꾸밀 줄을 모른다.

● 편재 : 명쾌한 목소리로 상대방에 신경쓰지 않고 함부로 말하는 타입이다. 농담을 잘한다.

● 정관 : 조심스럽고 조용하게 말한다. 정직하고 책임있는 말을 한다. 격식에 맞춰서 말한다.

● 편관 : 팍팍 퍼지는 목소리로 소리가 크다.

● 정인 : 깊이 생각하여 조심스럽고 신중하게 말을 한다. 젊잖은 말을 골라한다.

● 편인 : 비현실적인, 공상적이고 고상한 말을 한다. 재치있고 멋있는 말을 한다.

※ 身强이면 목소리에 힘이 있다. 火가 많으면 꾸미고 허풍이 있으며 목소리가 높다. 水多하면 저음에 울린다. 身弱이면 힘없는 목소리이다. 食傷이 좋으면 시원스럽게 말한다. 인수가 많으면 말이 느리다.

6. 육신에 따른 운세

- **비견** : 길 : 독립, 두각, 인기, 협조, 得力

    흉 : 이별, 손재

    旺氣 : 건록

    ※팔자가 센 사람은 비견운에 이혼한다.

    　동업자와도 이별한다.

- **겁재** : 길 : 분리, 투기, 分家, 得力, 투지

    흉 : 克妻, 손재, 사기, 도난, 실물

- **식신** : 길 : 진출, 확장, 활동

    흉 : 무기력, 싫증, 이용당함, 손해

- **상관** : 길 : 변동(자의), 이탈, 재주, 對敵

    흉 : 구설, 시비, 거역, 비행, 실수, 克夫

- **편재** : 길 : 재물융통, 大財, 자본, 투자, 승리, 통솔

    흉 : 부채, 부도, 外道, 풍류

- **편관** : 길 : 권위(감투), 책임, 투쟁

    흉 : 관재, 소송, 철거, 변동(타의), 좌천

- **정관** : 길 : 직장승진, 표창, 취직, 인정받음, 안정

    흉 : 무능, 소심, 위축, 좌절

- **편인** : 길 : 도움, 회생, 부업, 취미

    흉 : 한직, 실직, 적자, 무위도식, 실속없는일, 놀
    랄일

- **정인** : 길 : 명예, 지위, 학문, 유산, 자격

    흉 : 공허, 적자, 체한다.

◇ 事業人의 경우

• 비견

경쟁업체가 생긴다. 생산 품목이 인기가 상승하여 잘 팔린다. 하청업체로 큰 회사에 소속되어 있던 경우는 독립한다.

• 겁재

불량상품으로 반품이 늘고 뜯기는 돈이 많다. 사기, 도난 등의 사건이 있다. 身弱이면 주위 도움으로 일어선다.

• 식신

물품출하가 늘며 거래처가 증가하고 종업원도 늘어난다. 재정상 흑자를 본다.

• 상관

관청의 지시를 어기어 말썽이 생긴다. 세금이나 장부의 하자로 인한 문제가 발생한다. 기계나 공장시설을 뜯어고치고 상품의 이름이나 체제. 경영방식의 개선이 따른다.

• 정관

꾸준히 발전한다. 상품의 품질이나 회사의 신용이 인정받는다. 관청으로부터 좋은 소식이 있다.

• 편관

관청의 괴로운 지시가 있든지 이동, 변화 등이 있다. 거래처로부터 좋지 않은 소식 등 제반 불리한 일만 발생한다.

• 정재

현금수입이 증가하고 착실히 성장한다. 직원들이 지시에 잘 따른다.

● 편재

투자할 일과 부채가 늘어나서 빚을 내야 한다. 여자문제가 발생하기도 하고 부도가 나기도 한다. 신강이면 목돈이 들어오고 자금융통이 잘 되며 횡재도 한다.

● 정인

주문이 증가한다. 초청장이나 명예를 얻는 문서, 물려받을 재산, 책임 등이 생긴다. 주위의 협조가 생기고 새로운 제품에 손대기도 하며 교육받을 일도 생긴다.

● 편인

적자운영을 면치 못하여 일감이 줄어들고 거래처는 감소된다. 수입보다 지출만 늘어난다. 다른 품목이나 다른 일에 손대다. 고심한다. 운이 나쁘면 도산한다.

◇ 직장인의 경우

● 비견

두각을 나타내고 인기가 상승한다. 경쟁자가 생기든가 다툴 일이 생기고 독립하고픈 마음이 생긴다. 부부간에 다툼이 발생한다.

● 겁재

엉뚱한 지출이 생기든지 손재, 사기, 도난 등이 있다. 애인이나 처한테 다른 남자가 나타날 수도 있다. 친구 동기간의 일로 고심한다.

- 식신

업무가 증가하여 동분서주 바쁘다. 아이디어를 내어 회사에 건의하고 수입이 증가된다. 음식대접이 많다.

- 상관

상사와 다투고 사표낼 결심을 한다. 싫증나고 짜증나서 자주 결근한다. 엉뚱한 데 관심을 갖고 자리를 비운다. 기술이나 재주를 뽐내기도 한다. 관청에 불려가기도 한다.

- 정재

현찰이 잘 돌고 수입이 증가한다. 성실하게 근무하고 밀린 업무를 잘 처리한다. 아래사람 통솔하는 능력도 보인다.

- 편재

빚을 내어 투자하거나 몫돈 쓸 일이 생긴다. 부채가 발생한다. 吉運엔 횡재도 하고 부수입도 올린다. 여자관계가 생기고 술집 출입이 잦다.

- 정관

승진기회가 닿은 사람은 승진하고 표창받는다. 책임을 다하여 윗사람으로부터 칭찬받는다.

- 편관

자리이동이나 구설, 관재 등이 생긴다. 꾸중들을 일이 발생하며 괴로움이 많다.

- 정인

사원교육도 받고 새로운 자리나 책임이 생긴다. 새로운 구상도 해본다.

- 편인

적자생활을 한다. 직장을 잃거나 한직으로 밀려난다.

※ 命理判斷의 順序

1) 日干의 旺衰

사람에게 질병이 있으면 원인을 알아서 처방을 내리듯 사주에서도 기세의 강약을 보고 거기에 맞춰 조화시킨다.

즉, 일간을 중심으로 강약의 세력을 판단하여

첫째, 그 사람의 성격, 건강상태 등을 파악하고

둘째, 격을 정하며

셋째, 용신 및 회신, 기신을 가리고

넷째, 대운, 세운 등 길흉의 시기를 뽑는다.

2) 격국을 정한다

月지장간과 태어난 달의 계절에 따라 격을 정한다. 內格인데 기세가 편중 되었는지 국을 이루었는데, 別格 등에 해당되는지를 살핀 다음에 八定格으로 구분한다.

3) 격식의 고저

성격(成格) : 격식이 완전하고, 손상하는 것이 있을지라도 손상하는 忌神을 제거하는 것이 있는 경우이다.

파격(破格) : 격을 이루는 길신을 손상하였을 경우이다. 대개 財, 官, 印, 食 등의 四吉神으로 격을 이루었는데 이를 극하는 것이 있으면 파격이다. 또 殺, 傷, 梟, 刃의 격을 제압하는 것이 없을 때도 파격이다.

4) 용신

격국이 정해졌을 때, 격식을 도와 주는 것은 용신이요, 깨뜨리는 것은 忌神이다.

전에 설명한 억부, 전왕, 조후, 병약, 통관 등의 방법에 따라 용신을 정한다.

5) 용신의 강약

용신이 정하여지면 강한가 약한가를 살핀다.

월령을 얻었는가, 생해 주는 오행이 있는가, 지장간이 있는가를 살피어 강약을 정한다.

6) 국(局)의 변화

천간은 천간끼리 合이 있나 살피고, 地支는 三合, 六合, 方合 등이 있나를 살피어 사주 전체의 국이 어떻게 변화되는가를 살핀다.

7) 천간의 작용

천간에 나타난 것은 그 사람의 잠재된 모든 것이 겉으로 드러나 있는 것이다. 따라서 작용은 뚜렷하고 빠르다.

8) 지지의 작용

지지는 뿌리, 근원이 되어 천간에 나타난 것의 강약을 좌우

한다. 지장간을 살펴 보아야 한다.

9) 신살 및 공망

모든 신살을 보조적으로 본다.

10) 대운 및 세운

용신에 따라 길흉의 시기를 알아보는 것으로 가장 중요하다.

제3장 年, 月, 日, 時柱의 육신에 따른 단식판단법

1. 일주(日柱)

1) 日柱의 길흉

生日천간은 사주 여덟 글자 중의 體가 된다. 자기자신의 몸이 되니 매우 중요하다. 즉 타 간지와 비교하는 八字의 중심이 된다.

　●干은 내몸이고 支는 배우자인데 천간지지가 동일하면 배우자를 극하여 이별 수가 있다.
　비견 겁재, 양인 등에 해당하고 日干이 약할 때는 오히려 도움이 된다.
　●생일에 식신이 있으면 배우자의 몸이 뚱뚱하고 마음이 넓어서 의식주가 풍성하다. 편인이 있으면 배우자는 왜소하다. 冲克되면 단명하거나 병약하다.

● 생일지에 상관이 있고 재성이 있으면 배우자가 아름답고 재능이 많다.

● 日支 편재일 때는 배우자가 명쾌하다. 남자의 경우 편정재가 있으면 본처 외에 첩을 두기 쉽다.

● 日支정재이면 正妻이고 다른 곳에서 生扶하면 부부의 정이 좋아 백년해로한다.

● 생일 편관이면 성격이 조급하다. 머리는 영리하나 부부사이에 금이간다. 冲克되면 결혼 후 질병에 걸린다. 억제하는 것이 있거나 슴이 되면 면한다. 制, 슴이 없으면 비정상적인 결혼을 한다.

● 日支정관이면 혈통이 좋고 인격이 좋은 배우자를 만난다. 刑, 冲 되면 서로 반목한다.

● 생일편인이면 좋은 연분을 만나기 어렵다. 일주가 약할 때는 현명하고 힘이 되는 배우자를 만난다. 편인이 많으면 식복이 적고 만년에 妻子를 극한다.

● 女命이 陽日이면 중말년에 남편과 생사이별한다. 男命이 陰日이면 처에 의존하여 사는 사람이 많으나 격국에 따라 다르다.

2) 日支에 있는 신살의 길흉

● 형(刑), 충(冲)

배우자와 불화한다. 生年과 冲, 刑되면 組業을 떠난다. 日主가 年을 극하면 스스로 고향과 조상을 등진다.

生月에서 日支를 冲하면 주거변동이 심하다. 부부간에도 좋지않고, 직장이동도 심하다.

日支가 時支를 冲하면 자녀를 극한다.

● 합(合)

형, 충의 반대작용으로 해당인과 원만히 살아간다.

● 천지살

천간지지가 같은 것으로 부부간에 좋지않다. 천간지지가 같은 해에는 재화가 발생한다.

● 일지와 12운성

건록, 제왕 : 병이없고 건강하여 장수한다.

양, 장생, 관대 : 건록, 제왕 다음으로 건강하다.

사, 절, 쇠, 병, 태 : 약하고 질병이 따르며 걱정이 많다.

● 록마동향

壬午. 癸巳日生은 복이 좋다.

● 日德日

甲寅, 戊辰, 丙辰, 庚辰, 壬戌

● 日貴日

癸卯, 癸巳, 丁酉, 丁亥

● 日刃日

戊午, 丙午, 壬子

- 괴강日

  壬辰, 庚辰, 戊戌, 庚戌
- 신왕하면 천성이 명백하고 도량이 넓다. 유능하고 결단력이 좋으며 자신에 이롭게 일을 처리한다.

  태강하면 지나치게 강하여 분수를 넘어 일을 그르친다. 성격의 변화가 많고, 동요가 심하며 스스로 일을 저지른다.

  신약이고 돕는 것이 있으면 검약하고 분수를 지킨다. 어려움을 참아내고 탈선하지 않으나 의심이 많고 소심한 편이다.

  태약하면 음성적이고 소극적이다. 마음의 동요가 심하며 집요하고 어리석다. 결단력이 없고 의타심이 많으며 주위 사람들을 싫어한다.

  이상은 단편적인 판단법에 지나지 않는다. 전체적인 격국의 조화에 따라 판단은 달라진다.

2. 연주(年住)

생년은 사주의 뿌리(根)로서 조상이며 근본이다.

1) 六神에 따른 판단

- 비견

대개 弟妹로 태어난다. 아닐 때는 장남이라도 장남역할을 못한다.
- 겁재

비견과 같으나 조상의 덕이 적고 재산을 물려받아도 까먹게 된다. 四凶神이 있으면 미약한 집안 태생이다.

- 식신

조상은 양반이거나 부잣집이다. 조상의 덕을 입는다.

- 상관

조업을 破하거나 부모가 온전치 않다. 가출을 하기도 하며 상속권을 잃는다.

- 편재

商人家의 출신이 많다. 부친이나 조부는 양자이고 北劫이 없으면 부잣집 태생이다.

- 정재

부잣집 태생이고 父祖의 덕이 있다. 비겁이 있으면 재산 싸움이 있다.

- 편관

弟妹로 태어난다. 冲克이 겹치거나 편관이 많으면 타관살이 하거나 양자갈 사람이다. 조상의 덕이 적고 商人家의 태생이거나 몰락한 집안의 태생이다.

- 정관

혈통이 바르고 명문집 자손이다. 상관이 없으면 家名을 상속받는다.

- 편인

조업을 계승하기 어렵다. 타국이나 타향에 가거나 딴 부모, 조상을 섬긴다. 편인이 겹쳐 있으면 더욱 심하다. 몰락한 집안 태생이다.

- 정인

권세가의 태생으로 조업을 이어받고 부귀를 누린다. 조상

자랑을 하는 사람이다.

　※ 生年에 刑, 沖, 克, 害 등이 있으면 조상과 불화한다. 吉神이 있으면 조상의 吉相을 물려 받은 것으로 본다.
　※ 生年은 뿌리이므로 유소년기로 본다.
　따라서 生年에 吉神이 있으면 유소년기가 좋고 凶神이 있으면 어려서 고생하였거나 질병을 앓았던 것으로 본다.

3. 월주(月柱)

　生月은 사주중 가장 중요한 것이다. 계절을 중요시하고, 월지장간 중 어떤 것이 투출되었는가를 살피어 格을 정한다. 日主의 身強, 身弱, 調候 등을 보는 핵심이 된다.
　生月을 人元으로 하여 生月, 天干을 父에 비하여 天元이라 하고 地支는 母에 비하여 地元이라 하여 사주의 골격을 이룬다.
　즉 제강(提剛)이라고 하며 旺衰, 氣象, 格局, 用神의 기준이다.

◇ 六神에 따른 판단

　● 비견, 겁재
　生月은 형제의 자리인데 비, 겁이 있으면 집에 형제가 있다고 본다.
　다시 비견, 겁재가 많으면 양자를 가든가 生家를 일찍 떠난다. 월지가 비, 겁이고 타 간지에 비, 겁, 인수가 많으면 대음주가다.

• **식신**

식신이 生月에 있고 身旺이면 뚱뚱하거나 키가 크고 도량이 넓으며 낙천적이다. 음식을 잘 먹고 항상 식복이 따른다. 편인이 식신을 극하면 그렇지 않다. 刑, 冲 등이 겹치면 음식으로 인한 질병에 걸린다.

• **상관**

月支상관이면 집을 떠나고 조상 부모등에 거역한다. 얼굴, 이마 등에 흉터가 있다. 女命은 부부간에 다툼이 심하고 남편의 하는 일에 간섭이 심하다.

• **편재**

부잣집 태생이 많고 아니면 부모가 商業에 종사한다. 금전의 출납이 많으며 신강이면 부자가 되고 신약이면 인색하다. 남자는 본처외의 여자에 관심을 둔다.

• **정재**

재가 있고 식상이 있으며 신강이면 부자가 된다. 신약이면 재물로 인한 화를 입고 妻로 인하여 재화가 발생한다.

• **편관**

月支편관이면 家親의 재력을 얻지 못한다. 편관이 많으면 괴로움이 많다. 형제자매와 인연이 적어서 독자이거나 형제가 있어도 외톨이가 된다.

• **정인**

흉살이 극하지 않으면 좋은 집안의 태생이다. 총명하고 지조가 굳으며 말이 신중하나 실천력이 떨어진다.

◇ 기타

●刑, 冲, 害 등이 月支에 있으면 주거 변동과 직장이동이 심하다. 부모형제 등과 원만하지 못하다.

●月支계절이 조후용신을 잡는 기준이 된다.

●월주는 身旺, 身弱을 定하는 기본이 된다.

●격국을 정할때 월지장간 중 투출된 것으로 정하므로 월주는 격을 이루는 핵심이다.

※ 기타 年, 月, 日, 時干에 투출된 오행 육신의 기세를 보는 기준이 된다.

예 :

시	일	월	연	구분
丁	己	辛	乙	사
卯	酉	巳	丑	주

時干 丁火는 火旺節이니 강하고 辛金 식신은 死氣에 해당하므로 약하며 乙木은 휴수(休囚)되니 약하다.

4. 시주(時柱)

生時는 운명의 보좌 역할을 하고 귀결점이며 인생의 결실과 종점으로 보므로 무시할 수가 없다.

따라서 生時에 吉星이 많아야 결실이 좋고 末年이 좋으며 자녀가 번창하는 것이다.

用神과 格局에 따라 다르나 식신, 정재, 정인, 정관 등이 좋다. 그 중에도 정인이 좋아야 말년에 평안해 지는 것이다. 또한 12운성 중 제왕, 건록, 관대 등이나 목욕, 장생 등이 있으면 좋다.

　조후와 격국, 용신 등을 정할 때에도 月令의 보조로 판단해야 한다. 가령 겨울에 태어났어도 巳, 午, 未時 등에 낳았으면 火氣를 얻은 것이 된다.

1) 정시법(定時法)

　출생한 시를 모르는 사람은 定時法을 참고하여 時를 정해야 한다.

　● 자는 모습
　子 午 卯 酉 時生은 반듯이 누워서 잔다.
　寅 申 巳 亥 時生은 옆으로 누워서 잔다.
　辰 戌 丑 未 時生은 엎드려 자는 습성이 있다.

　● 가마의 위치
　子 午 卯 酉 時生은 가마가 머리 한가운데 자리잡았다.
　寅 申 巳 亥 時生은 가마가 옆으로 자리잡았다.
　辰 戌 丑 未 時生은 가마가 쌍가마이거나 한개일 때는 옆으로 비스듬히 있다.

　● 출생할 때의 모습
　子 午 卯 酉 時生 : 반듯이 누워 하늘을 향한 모습으로 출생하고 울음소리는 급하다.
　寅 申 巳 亥 時生 : 비스듬히 옆으로 출생하고 울음소리는 거칠고 높다.

辰 戌 丑 未 時生 : 엎어진 상태로 출생하고 울음소리는 완만하다.

●出産時의 방향

亥 子 丑 時生 : 北쪽을 향해 출생한다.
寅 卯 辰 時生 : 東쪽을 향해 출생한다.
申 酉 戌 時生 : 西쪽을 향해 출생한다.
巳 午 未 時生 : 南쪽을 향해 출생한다.

2. 육신에 따른 판단

●비견

신약인데 생시에 비견이 있으면 흉이 변하여 吉해지고 최종 승리자가 된다. 신강이면 결국 손재를 보고 이별, 散財 등이 있다.

●겁재

時에 있고 또 겁재가 있으면 여자는 남편을 배반하고 질병이 있거나 산액(産厄)이 있다. 子女를 克한다. 남과 시비, 쟁투 등으로 갈라서며 財産上 손해도 있다.

●식신

자녀가 있고 天命을 완수한다.

장수하고 자녀를 잘 돌본다. 외부에 식록이 있어 밖에서 잘 벌어들인다.

●상관

여자는 자녀와 연분이 좋다. 남자는 자식이 약하거나 우매하다. 양인과 같이 있으면 도적질할 마음이 생긴다.

- 편재

중말년에 외부의 재물을 벌어들여 부자가 된다. 남자는 그 처가 벌이를 하는 수가 많다.

- 정재

先貧後富貴한다. 身强이면 더욱 좋다.

- 편관

신왕한 남자는 자녀가 성공하여, 말년에 자녀의 덕을 본다. 신약이면 말년에 질병으로 고생하거나 재화가 많다.

- 정관

신강이면 말년에 귀해져서 名利가 따르고, 자녀도 출세한다.

- 편인

말년에 재산을 까먹고 고독하게 무위도식하는 경우가 많다. 신약일 때는 엉뚱한 일로 편해진다. 또는 남의 가족에게 부양된다.

- 정인

말년에 편안해져서 여유있게 생활한다. 명예도 따르며 장수한다. 자녀의 덕을 본다.

時에 刑, 冲이 있으면 자녀연이 적다. 合이면 자녀와 연분이 좋고 효행한다.

일곱째편

용신(用神)

제1장   신왕신약(身旺身弱)

사주에 있어서는 日干과 타 일곱글자를 비교하여 그 세력이 중화(中和)된 것을 이상(理想)으로 삼기 때문에 먼저 日干이 강한가, 약한가를 아는 것이 중요하다.

日干이 힘을 얻어 왕성하고 강력한 것을 신강(身强)이라 하고, 쇠약하고 무력한 것을 신약(身弱)이라 한다.

신약신강의 중점은 月令에 두어야 하고 천간보다는 지지의 육신이 그 작용력이 강하다.

또 삼합, 육합 및 간합되어 타 오행化되는 것도 고려해야 한다.

四柱가 지나치게 왕성하면 파재(破財), 손처(損妻) 등 흉박한다. 지나치게 일주가 쇠약하면 병고(病苦), 빈천(貧賤) 등 흉운이다.

四柱가 지지의 장간 속에 同氣를 만나 지나치게 강해지는 것을 통근(通根)이라 한다.

1) 生月支에 인종(引從)하여 旺衰를 본다.

즉 月令(태어난 달)의 氣를 얻으면 旺하고, 못얻으면 衰한 것이다.

● 最强(旺)한 경우 : 日干과 같은 五行의 계절에 출생할 때이다.

甲乙(木)日生은 　寅卯辰(春)月에 낳으면 旺
간이 붓는다.

丙丁(火)　〃　 　巳午未(夏)月에　〃　〃
심장병, 고혈압

戊己(土)　〃　 辰戌丑未(土季)月에　〃　〃
당뇨

庚申(金)　〃　 　申酉戌(秋)月에　〃　〃
뼈골이 쑤신다.

壬癸(水)日生은 　亥子丑(冬)月에 낳으면 旺하다.
　　　　　　└→ 丑은 土克水하여 弱하다.
신장과 방광이 지나치게 커서 병이 생긴다.

● 次强(次旺)의 경우 : 生氣 : 印綬月令
인수(印綬)에 속하므로 겉으로는 나타나지 않고 속으로 강한 외유내강의 경우이다. 몸은 대체로 건강하나 무리하면 병을 얻는다.

甲乙(木)日生이 　亥子丑(冬)月에 출생한 경우
丙丁(火)　〃　 　寅卯辰(春)月에　〃　〃

───────────

○印星 : 印綬나 偏印
　財星 : 正財나 偏財

戊己(土)　〃　　巳午未(夏)月에　　　　〃　　〃
庚申(金)　〃　辰戌丑未(土季)月에　　　〃　　〃
壬癸(水)　〃　　申酉戌(秋)月에　　　　〃　　〃

● 次弱(약간 약한)의 경우 : 財, 食傷月令
食傷(休) 財(囚)에 속한 경우이다.

　甲乙日生이 巳午未(夏)月과 土季節(辰戌丑未)에 출생한
경우.
　丙丁日生　辰戌丑未(土季)月과　申酉戌(秋)月에　출생한
경우.
　戊己日生 申酉戌(秋)月과 亥子丑(冬)月에 출생한 경우
　壬癸日生 寅卯辰(春)月과 巳午未(夏)月에 출생한 경우

● 最弱(死)의 경우 : 死氣月令 : 官殺
관살에 해당되는 달에 낳은 경우로 선천적으로 병을 타고
　난다.

　甲乙日生이 申酉戌(秋)月에 출생한 경우
　간, 담, 신경쇠약, 중풍, 경기(유년기), 신경통
　丙丁日生이 亥子丑(冬)月에 출생한 경우
　시력이 약하거나 나쁘고, 심장이 약하고 겁이 많다.
　戊己日生이 寅卯辰(春)月에 출생한 경우
　소화기능이 허약하고 비위가 약해 구토, 소화장애, 위장
병으로 야윈다.

庚辛日生이 巳午未(夏)月에 출생한 경우
기관지나 폐가 약해 감기가 잘 걸린다. 뼈대가 약하며 이
가 잘 빠지고, 치질도 있다.
壬癸日生이 辰戌丑未(土季)月에 출생한 경우
신장 방광이 약해 자주 소변을 보고 시력이 좋지 않다. 동
맥경화 및 빈혈에 걸릴 가능성이 있다.
壬癸日生은 未, 辰, 戌, 丑의 순서로 약하다.

2) 다음과 같은 예외가 있다.

- 木日生이 辰月에 출생하면 强中弱하다.
- 火日生이 未月에 强中弱하다.
- 土日生이 生月이 未月이면 最强이고 戌月, 丑月, 辰月 순
으로 약해진다.
- 土日生은 夏節에 낳아도 强한 것으로 본다.
- 金日生은 戌, 丑, 辰 未月의 순으로 强하다.
- 水日生은 丑月에는 强中弱이다.

3) 12운성과 강약

- 사왕지(四旺地) : 得氣하여 강해진 경우
   왕(帝旺)이 제일 강하고
   건록(建祿)
   관대(冠帶)
   목욕(沐浴)의 순으로 강하다.

- 사평지(四平地) : 失氣하여 약해진 경우
  장생(長生)은 平中强
  양(養)은 平中生
  쇠(衰)는 平中衰
  병(病)은 平中弱이다.

- 사쇠지(四衰地)
  절(絕)은 最弱地이고
  묘(墓)는 弱中弱이며
  사(死)는 弱中衰이며
  태(胎)는 弱中强이다.

4) 六神과 强弱

일주가 生助(오행과 同氣, 相生)되면 身强이고, 일주가 克害(五行과 相反)되면 身弱이다.

比肩, 劫財가 제일 강하고
印綬는 그 다음 강하고
官殺은 제일 약하고
財星은 그 다음으로 약하고
食傷이 그 다음으로 약하다.

5) 月令을 얻고 氣를 얻으면 참된 身旺勢가 된다.

- 月令을 얻었다는 것은 태어난 월지가 천간과 같은 계절이든가 生해 주는 계절일 때를 말한다.

●氣를 얻었다는 것은 月支외에 비겁인수를 얻었음을 말한다.

●月令을 얻고, 氣를 얻지 못하면 小强이다.

●月令을 얻고, 氣를 얻고 못얻는 것이 혼합이면, 약간 강세가 된다.

●月令을 얻지 못하고 比肩, 劫財, 印綬가 없으면 身弱이다.

●月令을 얻지 못하였으나, 比劫 印星이 많으면 조금 강하다.

●月令을 얻지 못하고, 기세를 얻은 것이 1:1 이면 小弱勢의 命이다.

○身强 : 인수, 편인, 비겁, 양인 등을 만나는 것
○身弱 : 정관, 편관, 정재, 편재를 만나는 것
○食傷은 日柱의 五行을 누출시켜 약하게 만듬

제2장 용신론(用神論)

1. 격국용신(格局用神)

흔히 사주공부가 어렵다고 한다. 사주를 정확히 보고, 모든 사주를 정확히 볼 수 있다고 하는 것은 인생에 통달하였다는 얘기가 된다. 또 오행에 통달하여 도통의 경지에 도달하여야 한다. 따라서 우리는 도통의 경지에 한발한발 가까와져 가고 있는 것이다. 처음에 오행공부를 할 때에는 침체과정이 반복된다. 사주 공부를 하다 보면, 대개 用神과 格局에서 막힌다고 한다. 심지어는 역학대가라는 사람도 용신격국이 맞지 않는다고 하며 쉽게 볼 수 있는 비법이 있다고 하나, 이는 역학에 통달하지 못해서 하는 이야기이다. 또한 모든 사주에 관한 서적에서 이 사주는 뭐가 용신이고 격은 어느 격에 속한다고 하는 것은 하나의 예에 불과하지 절대적인 것이 아니다. 같은 사주라도 시대가 다르고 장소가 다르기 때문에 다를 수 밖에 없다.

종재격을 예로 들어보자. 종재격은 재에 종하는 사주이다. 집안이 가난한데 의지할 만한 친지도 없다면 남자면 데릴사위로 가든가 부잣집 사위가 될 것이고, 여자라면 부잣집에 시집가서 결국은 종재격으로 살 것이다.

옛말에 겉보리 서말만 있어도 처가살이를 안한다는 말이 이 경우에 해당한다.

210

용신도 격에 따라 달라진다. 어떻게 사는지 물어서 정하여
야 한다. 그 사람의 직업, 하는 일, 육친관계, 사업의 종류 등
을 참고로 하여 결정하여야 한다.

日干이 영향을 가장 많이 받는 六神을 格이라 하는데 이 格
을 이루는 요소로써 쓰이는 것이 格用神이다.

善 : 순(順) : 財(正財) 官(正官) 印(正印)
           食(食神)→生해 주는 것이 좋다.
惡 : 역(逆) : 煞(편관) 傷(상관) 梟(편인)
           劫(겁재) 刃(양인)→克해 주는 것이 좋다.

예 1

시	일	월	연	구분
乙	己	丙	己	사
亥	巳	寅	亥	주

교육가

寅中에 甲丙戊가 암장되
어 있는데 丙火가 月干에
투출되어 正印格이다.

예 2

시	일	월	연	구분
乙	甲	丙	甲	사
亥	寅	寅	子	주

의대교수

寅中에 丙甲이 투출되었
고 子亥 인수가 있어 의대
교수(식신격)가 되었다.

2. 사주용신(四柱用神)

사주의 주인공인 일간을 중심으로 사주전체의 조화를 이루게 하는 오행을 용신이라 하는데

일간이 너무 강할 때←설기(洩氣), 克한다.

일간이 약할 때←생조(生助)한다.

사주가 너무 냉습(冷濕)할 때←온난(溫暖)하게 한다.

사주가 너무 건조(乾燥)할 때←습기(濕氣)를 준다.

두가지 오행이 서로 싸울 때←통관(通關) 시킨다.

1) 억부용신(抑扶用神)

많거나 강한 것은 설기(洩氣)시키거나 克(억제)하고 약한 것은 부조(扶助)해 주는 용신을 억부용신이라 한다.

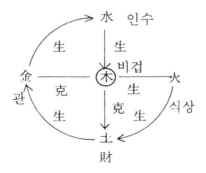

○억제 : 강한 것을 克하는 경우

· 신강── 비견 · 겹재多←── 관살이 용신(기세껶음)

차선책 : 식상, 財가 용신

인수多←──財가 용신(洩氣시킴)

차선책 : 관살, 식상이 용신

ㅇ부조 : 약한 것을 도와 주는 경우

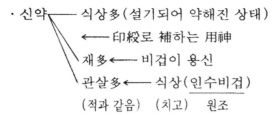

ㆍ신약 ── 식상多(설기되어 약해진 상태)

　　　　 ←── 印綬로 補하는 用神

　　　 재多 ←── 비겁이 용신

　　　 관살多 ←── 식상(인수비겁)

　　　 (적과 같음)　(치고)　원조

※ 참조 : 단편적으로 월령을 극하는 것을 용신으로 삼는 사
람도 있으나 이는 미흡하다.

　　月令 :　春（木）←── 金（秋）

　　　　　　夏（火）←── 水（冬）

　　　　　　秋（金）←── 火（夏）

　　　　　　冬（水）←── 土（土季）

　　　　　　土季（土）←── 木（春）

예 1

시	일	월	연	구분
己	壬	丙	丁	사
酉	寅	午	亥	주

〈풀이〉　신약사주 − 財는 旺함.

　　　　　月令 − 財官星 투출

　　　　　寅午半合, 丁壬合木하여 더욱 약해진 경우로 −
　　　　　亥(水) 비겁을 용신으로 쓰고 酉(金)가 도와 주
　　　　　는 喜神이 된다.

예 2

시	일	월	연	구분
戊	丙	癸	丁	사
子	申	丑	卯	주

〈풀이〉 신약사주 – 官殺多

月令 – 官星투출(丑中의 癸水)

申子 水局하여 관을 도와 水는 강하고 일주 火가

약해진 경우로 – 연간 丁(火)이 卯 위에 강하니

용신을 삼는다.

※참고 상관 – 적을 물리치는 데 좋으나 힘이 부친다.

인수 – 새로운 기운이 생긴다. 貴人 도움.

비겁 – 관살을 감당할 수 있고 식상의 원조를 받는다.

예 3

시	일	월	연	구분
丙	丁	丁	癸	사
午	卯	巳	巳	주

〈풀이〉 신약사주 – 일간이 火로 太旺

月令 – 劫財가 투출

비겁, 양인 등이 강한 경우로 – 연간癸(水)가 用

神으로, 강할 때는 官殺로 제하는 것이 제일 좋다.

예 4

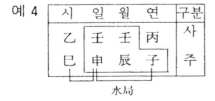

시	일	월	연	구분
乙	壬	壬	丙	사
巳	申	辰	子	주

水局

〈풀이〉 신강사주 – 申子辰 수국을 이루고 壬(水)이 투

출되어 太旺

月令-辰中乙(木)의 여기가 투출되어 洩氣됨이 좋은 경우이다. 乙(木)로 用神을 삼아 水間과 같은 역할을 하니 木運이 오면 활짝 열린다.

예 5

東方木局

〈풀이〉 신강사주-寅卯辰(木局)을 이루고 甲(木)이 투출하여 太强

月令-인수

時支 申(金)으로 木을 극하는 경우-申(金)을 용신으로 삼는데 이를 취재손인(取財損印)이라 한다.

※ 참고

財用神-財를 妻로도 볼 수 있으므로 결혼 후에 일이 잘 풀리는 四柱이다.

예 6

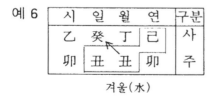

겨울(水)

〈풀이〉 官殺과 食傷이 혼잡된 사주

男 : 정보계통, 해결사. 女 : 미인.

月令-丑中己(土) 七殺이 투출

日支에 丑(土)이 있어 土가 강한 경우

乙(木) 食傷을 용신으로 삼아 土를 억제한다.

※ 참고

七殺(편관) 식상多스님 — 귀신을 잘 부린다.

예 7

시	일	월	연	구분
辛	己	癸	乙	사
未	亥	未	亥	주

比　　　財

〈풀이〉　月令 — 己(土) 日元通根

연간의 乙木용신은 약하므로 月干 癸(水)로써
약한 殺을 生해 주니 「용재윤토자살(用財潤土
慈殺)」이라 한다.

※ 참고

潤土慈殺 즉 토양을 기름지게 하고 살을 길러주는 경우

위 四柱는 學校나 직장의 승진에 돈을 쓰며 妻(財)가
운동을 해야 한다.

예 8

시	일	월	연	구분
乙	壬	乙	己	사
巳	子	亥	巳	주

冲

〈풀이〉　身強사주 — 身旺하고 寒함.

연간의 己(土)로써 旺水를 극해야 좋은데 乙
(木)에 破克되었고 巳는 亥가 冲하니 巳(土)의

뿌리가 약하다. 火로써 풀어 주어야 하는데 時支 巳火가 약하므로－乙(木) 상관으로 財를 생해 주어야 한다.

2) 병약용신(病藥用神)

日柱를 生助하거나 억제시키는 데 필요한 用神을 다른 五行이 극해하며 방해를 놓는 것을 病이라 하고 이 병을 제거시키는 五行을 藥이라 한다. 이를 「病藥용신」이라 한다.

예 1

시	일	월	연	구분
戊	己	甲_약	戊_병	사
辰	巳	子	戌	주

財

〈풀이〉 신약사주

月令－偏財(水)가 當令

비겁이 財를 놓고 싸우니 병이다.

甲(木) 관성으로 비겁을 制하니 약이 되어 용신이 된다.－제겁호재(制劫護財)

※ 참고

남자는 비겁이 많으면 미인과 결혼한다.

여자 : 위 사주의 경우라면 결혼 후 남편(官)의 지배를 받아 좋아졌다.

예 2

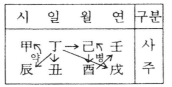

시	일	월	연	구분
甲	丁	己	壬	사
辰	丑	酉	戌	주

〈풀이〉 財月當令으로 식상이 多하여 관살을 치는 사주.
月令-酉(金)가 재왕생관(財旺生官)하는데 己
(土) 식신이 官을 극하니 病이다.
시간 甲(木)이 己(土) 病을 제거하는 약이 되므
로 용신으로 삼는다.

3) 조후용신(調候用神)

천지의 변화가 춘하추동에 따른 한난조습(寒暖燥濕)이 있
듯이 사주를 구성하는 干支의 八字에도 한난조습이 있는데 이
를 균형있게 조화시키는 용신을 조후용신이라 한다.

예 1

시	일	월	연	구분
甲	辛	癸	壬	사
午	丑	丑	辰	주

偏印

〈풀이〉 金은 차갑고 물은 冷하다. 얼어붙을 지경인데 時
에 午(火)가 있어 냉기를 풀어 주니 조후용신을
삼는 것이다.

예 2

시	일	월	연	구분
辛	壬	己ⁿ	辛卯	사
亥	午	亥	亥	주

財

〈풀이〉 己(土) 官星이 투출하였으나 根이 없어 弱하니
쓸 수 없고 사주원국이 水金으로 이루어져 日支
午(火)를 조후용신으로 삼는다.

4) 전왕용신(專旺用神)

사주의 기세가 한쪽으로 치우쳐 있으면 그 강한 기세를 거
역할 수가 없다. 그러므로 그 기세에 순응하여 從하기도 하고
化하기도 한다. 그 강한 세력에 따르는 용신을 전왕용신이라
한다.

예 1

시	일	월	연	구분
乙	己	丁	壬	사
亥	卯	未	寅	주

木局

〈풀이〉 일간 己(土)가 木(官殺) 즉 적에 휩싸여 있는
경우로 旺木의 세력에 從하니 종살격(從殺格)
이다. 木運에 吉하다. 권력가의 심복형.
女 : 남편덕에 덩달아 큰소리 치는 사주

예 2

시	일	월	연	구분
癸	丁	丁	丁	사
卯	卯	未	巳	주

〈풀이〉 火旺한데 卯未가 木局을 이루어 太强하다.

시살(時煞) 癸(水)가 있다 하나 根이 없고 旺火
를 감당하기 어려우니 종왕격(從旺格)이다.

즉 편인의 성격을 좇아 화려하게 예술지향적으
로 사는 사주로 木火運에 吉하다.

예 3

시	일	월	연	구분
癸	乙	乙	乙	사
未	亥	卯	未	주

〈풀이〉 亥卯未 木局을 이루고 水가 生해 주니 太旺한 사주
이다. 그 세력을 따라야 좋으니 水木運이 吉하다.
대쪽같은 선비형이다.

예 4

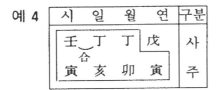

시	일	월	연	구분
壬	丁	丁	戊	사
寅	亥	卯	寅	주

〈풀이〉 丁壬合木하고 지지가 木局을 이루어 化氣格을
이루었다. 化氣格은 化神이 旺해 지는 곳이 좋으
며 설기시키는 것도 좋다. 戊(土)財는 爭財가
되어 쓸 수 없다. 木火運이 吉하다.

220

※ 참고

　印綬가 旺해서 쫓는 경우 : 정치가, 큰 스님.

5) 통관용신(通關用神)

　두가지 세력의 오행이 사주 가운데 대치되어 싸우고 있는 것을 다른 오행이 중간에서 소통시켜 싸움을 말리는데 이것을 통관용신이라 한다.

예 1

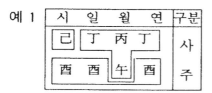

시	일	월	연	구분
己	丁	丙	丁	사
酉	酉	午	酉	주

　〈풀이〉　火와 金이 서로 싸우니 土로써 火生土
　　　　　土生金하여 통관시키므로 己(土) 식신이 용신
　　　　　이다.

※ 참고

　위 사주의 대운에 木運이 오면 재산과 돈줄이 끊긴다.

　여자 : 자식 낳고 병이 없어지거나 식당, 먹는 장사로
　　　　돈을 번다.

　남자 : 부부사이가 나쁘나 할머니가 화해 시킨다.

예 2

시	일	월	연	구분
乙	甲	庚	癸	사
亥	寅	申	亥	주

〈풀이〉　金과 木이 서로 싸우니 水로써 金生水,

水生木하여 통관시켜 주는 것이 좋으니 水를 용신으로 삼는다.

여자 : 남편과 싸우는 데 어머니(인수)가 화해시킨다.

통관용신이 원국에 없어 大運에서 만나도 발복한다.

喜神(용신을 生하는 신)과 忌神(용신을 克하는 신) 간의 싸움도 大運에서 통관운이 오면 해구(解救)된다. 재인(財印)이 쌍청(雙淸)이면 관살운에 통관된다. 月이 겁재(劫財)이고 財를 쓰면 식신 상관이 통관시킨다.

여덟째편

격국론(格局論)

格이란 사주의 틀, 즉 골격을 뜻하는데 日干에 영향을 가장 많이 주는 것이다. 그러므로, 사주의 격이 정해지면 이미 그 사람의 빈부귀천에 대한 윤곽과 용신이 나타나는 것이다.

◇ 格을 정하는 법

• 월의 지장간(地藏干) 중에서 투출된 것을 格으로 삼는다.
• 월지의 지장간 중에서 투출된 것이 없을 때는 많은 것을 格으로 삼는다.(5개 이상)
• 월지의 지장간 중에서 투출된 것도 없고 많은 것도 없을 경우는 월지의 육신을 格으로 삼는다.
• 기타 강한 것으로 合과 局, 신살을 살펴서 格으로 삼는다.

제1장   내격(內格)(定格, 八格)

외격 및 별격을 이루지 아니한 것들 대부분은 내격에 속한다. 그러나 100명 중 1명 가량은 이에 속하지 않는 별난 경우도 있다.

1. 식신격 : 월지장간 중 투출된 것이 식신이거나, 월령이 식신이거나 식신이 多인 경우

• 제살격(制殺格) : 칠살을 식신이 억제할 때
• 식신생재격(食神生財格) : 식신이 財를 生할 때

- 식록격(食祿格) : 식신이 강하고 時에 건록이 있을 때

日柱	甲	乙	丙	丁	戊	己	庚	辛	壬	癸
生月支	巳	午未戌	寅申·辰戌	未·丑	申	•酉戌丑	亥	辰•子丑	寅	•卯辰未
투간	丙	丁	戊	己	庚	辛	壬	癸	甲	乙

예 1

시	일	월	연	구분
丙	丙	戊	辛	사
申	子	戌	亥	주

예 2

시	일	월	연	구분
壬	癸	乙	丙	사
戌	卯	未	寅	주

2. 재백격(財帛格) : 월지장간 중 투출된 것이 正財 偏財 인 경우.

- 정재격(正財格) : 월령이 정재이던가 정재가 多인 경우
- 편재격(偏財格) : 월령이 편재이던가 편재가 多인 경우
- 재관격(財官格) : 財와 官星이 있을 때
- 재살격(財殺格) : 財와 七殺이 있을 때
- 시상일위(時上一位) 편재격 : 편재가 時上에 있을 때
- 재자약살격(財慈弱殺格) : 財가 弱한 편관을 生할 때

○ 정재격(正財格)

日柱	甲	乙	丙	丁	戊	己	庚	辛	壬	癸
生月支	午未丑	寅申辰戌巳	•酉戌丑	巳·申	辰•子丑	申·亥	•卯辰未	寅·亥	午未戌	寅·巳
투간	戊	己	庚	辛	壬	癸	甲	乙	丙	丁

예 1

시	일	월	연	구분
丙	甲	己	庚	사
寅	辰	丑	子	주

★

예 2

시	일	월	연	구분
戊	戊	丙	甲	사
午	辰	子	戌	주

★

※ ●표는 不透라도 格으로 取할 수 있음.

○ 편재격(偏財格)

日柱	甲	乙	丙	丁	戊	己	庚	辛	壬	癸
生月支	辰申·巳戌	午·未·丑	申	●酉·戌·丑	申·亥	辰·●子·丑	寅·亥	●卯·辰·未	寅·巳	午·未·戌
투간	戊	己	庚	辛	壬	癸	甲	乙	丙	丁

예 1

시	일	월	연	구분
丙	乙	己	癸	사
戌	卯	未	卯	주

예 2

시	일	월	연	구분
戊	庚	丙	甲	사
寅	午	寅	子	주

3. 상관격(傷官格) : 月支藏干 중 투출된 것이 상관이거나 월령이 상관이거나 傷官이 多인 경우

- 상관패인격(傷官佩印格) : 상관이 인수를 볼 때
- 상관생재격(傷官生財格) : 상관이 財를 生할 때
- 상관파진격(傷官破盡格) : 三合하여 상관이 될 때

日柱	甲	乙	丙	丁	戊	己	庚	辛	壬	癸
生月支	午·未·戌	寅·巳	●午·未·丑	寅·辰·申·戌·巳	●酉·戌·丑	申·酉	辰·●子·丑	申·亥	●卯·辰·未	寅·亥
투간	丁	丙	己	戊	辛	庚	癸	壬	乙	甲

예 1

시	일	월	연	구분
乙	丁	戊	己	사
巳	卯	辰	亥	주

예 2

시	일	월	연	구분
癸	庚	壬	辛	사
未	申	辰	亥	주

4. 칠살격(七殺格)(偏官格) : 월지장간 중 투출된 것이 편관이던가 月令에 偏官이 많은 경우

日柱	甲	乙	丙	丁	戊	己	庚	辛	壬	癸
生月支	巳·申	●酉·戌·丑	申·亥	辰·●子·丑	寅·亥	●卯·辰·未	寅·巳	●午·未·戌	寅·辰·巳	午·未·丑
투간	庚	辛	壬	癸	甲	乙	丙	丁	戊	己

예 1

구분	시	일	월	연
사	癸	丁	丙	癸
주	卯	丑	辰	未

예 2

구분	시	일	월	연
사	戊	壬	庚	壬
주	申	子	戌	午

5. 정관격(正官格) : 월지장간 중 투출된 것이 정관이거나 月令이 정관이거나 正官이 많은 경우

- 관살(官殺)혼잡격 : 정관과 편관이 있을 때
- 관인격(官印格) : 정관과 인수가 있을 때
- 재관쌍미격(財官雙美格) : 정관과 재성이 있을 때
- 시상일위귀격(時上一位貴格) : 정관이 時에 있을 때

日柱	甲	乙	丙	丁	戊	己	庚	辛	壬	癸
生月支	●酉·戌·丑	巳·申	辰·●子·丑	申·亥	●卯·辰·未	寅·亥	●午·未·戌	寅·巳	午·未·丑	寅申·辰戌·巳
투간	辛	庚	癸	壬	乙	甲	丁	丙	己	戊

예 1

구분	시	일	월	연
사	壬	癸	戊	辛
주	子	未	戌	丑

★

예 2

구분	시	일	월	연
사	癸	丙	丙	甲
주	巳	申	子	辰

★

6. 인수격(印綬格) : 월지장간 중 투출된 것이 정인, 편인이거나 월령이 인수이거나 인수가 많은 경우

- 관인격(官印格) : 인수와 정관성이 있을 때
- 살인격(殺印格) : 인수와 七殺이 있을 때

○ 정인격(正印格)

日柱	甲	乙	丙	丁	戊	己	庚	辛	壬	癸
生月支	辰·•子·丑	丙·亥	•卯·辰·未	寅·亥	•午·未·戌	寅·巳	•午·未·丑	巳辰·戌申·寅	•酉·戌·丑	巳·申
투간	壬	癸	甲	乙	丙	丁	戊	己	庚	辛

예 1

시	일	월	연	구분
戊	丙	乙	辛	사
戌	寅	未	卯	주

★

예 2

시	일	월	연	구분
壬	辛	戊	己	사
辰	丑	辰	未	주

★

○ 편인격(偏印格)

日柱	甲	乙	丙	丁	戊	己	庚	辛	壬	癸
生月支	甲·•亥	辰·•子·丑	寅·亥	•卯·辰·未	寅	未·戌	寅巳·辰戌	午·未·丑	巳·申	•酉·戌·丑
투간	壬	癸	甲	乙	丙	丁	戊	己	庚	辛

예 1

시	일	월	연	구분
己	丁	丁	己	사
酉	未	卯	亥	주

•

예 2

시	일	월	연	구분
戊	庚	戊	乙	사
寅	辰	寅	丑	주

★

※ •표는 불투라도 격으로 取할 수 있음.

7. 건록격(建祿格) : 月令이 건록인 경우 즉, 월지가 일간 의 정록(正祿)인 경우

甲	日	寅	月
乙	日	卯	月
丙	日	巳	月
丁	日	午	月
戊	日	巳	月
己	日	午	月
庚	日	申	月
辛	日	酉	月
壬	日	亥	月
癸	日	子	月

※ 사주에 재관인식(財官印食)의 배합이 良하면 반드시 富貴하는 운명이다.

예 1

시	일	월	연	구분
癸	丙	乙	丁	사
己	辰	巳	丑	주

★

예 2

시	일	월	연	구분
癸	甲	庚	丙	사
酉	戌	寅	辰	주

★

8. 양인격(羊刃格) : 월지가 羊刃인 경우

즉, 月刃格, 月劫(陽干에만 적용)

甲	日	卯	月
丙	日	午	月
戊	日	午	月
庚	日	酉	月
壬	日	子	月

※ 사주에 多財, 殺이 있으면 부귀를 누린다.

만약에 인수가 많으면 下命이다.

예 1

시	일	월	연	구분
癸	癸	乙	丁	사
巳	卯	亥	亥	주

(壬)
☆

예 2

시	일	월	연	구분
辛	甲	己	庚	사
未	子	卯	辰	주

(乙)
☆

제2장 외격(外格)

1. 종격(從格)

종격은 일간이 쇠약하여 根이 없을 때 세력이 강한 타 육신 한 가지를 따라 이루는 격을 말한다.

종오행운(從五行運)이나 격을 이루는 오행을 생조하는 운은 吉하다.

종격의 종류	사주의 구성	용신	기신
종재격 (從財格)	財로 구성. 부호. 식상이 있으면 대발	재관 식상	비겁 인수
종관살격 (從官殺格)	官殺로 구성. 권력가 재운이나 관성운 대발	관 살재	비겁 인수 상관
종아격 (從兒格)	식상으로 구성 자녀, 교육, 종교, 봉사직	식상 재	비겁 인수
종강격 (從强格)	비겁으로 구성 체육인, 걸물, 인기인	비겁 인수	관· 재
종왕격 (從旺格)	인수로 구성 체육인, 종교인, 학자, 예술가	인수 비겁	관· 재

※ 陽干은 비겁, 인수가 하나 있어도 從하지 않는다.

　　 陰干은　〃　　　〃　　　〃　　　從한다.

● 종재격(從財格) : 사주의 대부분이 財局을 이루고 있다.

　남자 : 처가살이, 부자집 데릴사위로 처덕을 본다.

여자 : 돈밖에 모른다. 재운이나 식상운이 좋다. 비겁, 인수
운은 나쁘다.

- 종관살격(從官殺格) : 이는 종관격(從官格)과 종살격(從
  殺格)으로 세분할 수 있는데
    - 종관격 : 사주의 대부분이 正官으로 구성되어 관록이 좋
      다. 복종심이 있어 효자, 충신, 모범생이다.
      관살운이나 재운이 좋다. 비겁 식상은 나쁘다.
    - 종살격 : 사주가 대부분 편관으로 구성되어 있다.
      남자 : 권세가의 심복, 무관으로 출세한다.
      여자 : 권력가의 부인, 부자집 후취, 첩살이로
      호강한다. 결혼한 후 좋다.

- 종아격(從兒格) : 사주의 대부분이 食傷으로 구성되어 고
  아원, 양로원, 육영사업, 접객업, 교사, 종교인, 자선사업가
  등이 된다.
  양녀를 삼으면 좋다.
  식상운이나 비겁운이 좋다. 관운, 재운은 나쁘다.

- 종왕격(從旺格) : 사주의 대부분이 印綬로 구성되어 남으
  로부터 추앙받는 경우이다. 정치가, 임금, 종교인, 학자, 예
  술가 등이 된다.
  양엄마를 얻으면 좋다.
  인수운이나 비겁운이 좋다. 재운, 관운은 나쁘다.

○종왕격이 파격이면 남의 재산을 뜯어 먹고 사는 팔자이다. 사기꾼, 거지가 된다.

예 : 종재격

①

시	일	월	연	구분
己	丙	乙	庚	사
丑	申	酉	戌	주

②

시	일	월	연	구분
辛	丁	辛	戊	사
丑	巳	酉	申	주

종관살격

①

시	일	월	연	구분
乙	乙	辛	戊	사
酉	酉	酉	戌	주

②

시	일	월	연	구분
辛	甲	辛	戊	사
未	申	酉	戌	주

종아격

①

시	일	월	연	구분
丙	癸	壬	丁	사
辰	卯	寅	卯	주

②

시	일	월	연	구분
壬	乙	丙	丁	사
午	巳	午	丑	주

종강격

①

시	일	월	연	구분
甲	甲	癸	壬	사
子	子	卯	子	주

②

시	일	월	연	구분
辛	壬	辛	壬	사
丑	子	亥	寅	주

종왕격

①

시	일	월	연	구분
乙	甲	甲	子	사
亥	寅	子	卯	주

②

시	일	월	연	구분
乙	甲	壬	丁	사
亥	子	子	亥	주

2. 화기격(化氣格)

일간이 干合五行과 동일한 계절에 출생한 경우.

즉 일간이 生月 또는 生時와 干合되고 生月支가 合化五行과 같을 때 화기격이 된다.(단, 투합되면 파격이다)

구 분	출 생 시	용신	기신
甲己化土格	甲日己月時 己日甲月時 ⊕月出生	土火	木水
乙庚化金格	乙日庚月時 庚日乙月時 ㊎月出生	金土	火
丙辛化水格	丙日辛月時 辛日丙月時 ㊛月出生	水金	土
丁壬合木格	丁日壬月時 壬日丁月時 ㊍月出生	木水	金
戊癸合火格	戊日癸月時 癸日戊月時 ㊋月出生	火木	水

※ 化五行을 克하는 運에는 좋지 않다. 다시 運에서 合하는 것
   도 좋지 않다.

예 : • 화토격(化土格)

①
시	일	월	연	구분
己	甲	戊	己	사
巳	辰	辰	丑	주

②
시	일	월	연	구분
己	甲	壬	戊	사
巳	辰	戌	辰	주

• 화금격(化金格)

①
시	일	월	연	구분
庚	乙	癸	甲	사
辰	丑	酉	申	주

②
시	일	월	연	구분
乙	庚	辛	癸	사
酉	申	酉	丑	주

• 화수격(化水格)

①

시	일	월	연	구분
壬	辛	丙	申	사
辰	丑	子	辰	주

②

시	일	월	연	구분
壬	辛	丙	甲	사
辰	酉	子	申	주

• 화목격(化木格)

①

시	일	월	연	구분
癸	壬	丁	己	사
卯	午	卯	酉	주

②

시	일	월	연	구분
丙	丁	壬	壬	사
午	卯	寅	辰	주

• 화화격(化火格)

①

시	일	월	연	구분
甲	癸	戊	丙	사
寅	巳	戌	戌	주

②

시	일	월	연	구분
癸	戊	甲	丙	사
丑	申	午	寅	주

3. 일행득기격(一行得氣格)

日干과 같은 한가지 五行으로 月支 三合, 方局을 이룬 격

즉, 일간 오행이 方局이나 三合 合局하여 동일 오행을 이룬 것으로 관살 및 재성이 없어야 眞格이다.

ㅇ인수, 비겁, 식상운이 길하며 재관운에 불길하다.

구　　분	일　　간　　오　　행	용신	기신
仁壽曲直格	甲乙木日生→寅卯辰・亥卯未	木	金土
炎上格	丙丁火日生→巳午未 寅午戌	火	水金
稼穡格	戊己日生→辰戌丑未	土	木水
從革格	庚辛金日生→申酉戌 巳酉丑	金	火木
潤下格	壬癸日生→亥子丑 申子辰	水	土火

예 : ● 인수격(仁壽格)

①

시	일	월	연	구분
甲	甲	癸	壬	사
子	辰	卯	寅	주

②

시	일	월	연	구분
丙	甲	丁	甲	사
寅	辰	卯	寅	주

● 염상격(炎上格)

①

시	일	월	연	구분
辛	丙	丙	丙	사
酉	戌	寅	午	주

②

시	일	월	연	구분
乙	丙	丙	丁	사
未	寅	午	巳	주

● 가색격(稼穡格)

①

시	일	월	연	구분
癸	戊	己	戊	사
丑	辰	未	戌	주

②

시	일	월	연	구분
戊	己	己	戊	사
辰	未	未	辰	주

● 종혁격(從革格)

①

시	일	월	연	구분
乙	庚	辛	戊	사
酉	戌	酉	申	주

②

시	일	월	연	구분
辛	庚	戊	辛	사
巳	申	戌	酉	주

● 윤하격(潤下格)

①

시	일	월	연	구분
庚	壬	壬	壬	사
子	辰	子	申	주

②

시	일	월	연	구분
癸	癸	庚	辛	사
丑	丑	子	辛	주

4. 양신성상격(兩神成象格)(兩氣成象格이라고도 함)

　　상생하는 오행이 사주의 兩干과 兩支를 각각 차지하고 있는 경우에 이루는 격. 상극하는 五行으로 구성되어 있는 사주는 해당되지 않는다.

- 水木相生格 : 水木이 사주간지를 이루었을 때
- 木火　〃　：木火가　　〃　　　　　〃
- 火土　〃　：火土가　　〃　　　　　〃
- 土金　〃　：土金이　　〃　　　　　〃
- 金水相生格 : 金水가　　〃　　　　　〃
- 木土相成格 : 木土가　　〃　　　　　〃
- 土水　〃　：土水가　　〃　　　　　〃
- 水火　〃　：水火가　　〃　　　　　〃
- 火金　〃　：火金이　　〃　　　　　〃
- 金木　〃　：金木이　　〃　　　　　〃

예　①

구분	연	월	일	시
사	癸	甲	癸	乙
주	亥	寅	亥	卯

②

구분	연	월	일	시
사	丁	乙	丙	甲
주	卯	巳	寅	午

③

구분	연	월	일	시
사	丁	丙	戊	己
주	巳	午	辰	未

④

구분	연	월	일	시
사	壬	丙	癸	丁
주	子	午	亥	巳

⑤

구분	연	월	일	시
사	癸	庚	癸	辛
주	亥	申	亥	酉

⑥

구분	연	월	일	시
사	乙	甲	乙	戊
주	卯	戌	丑	寅

⑦
시	일	월	연	구분
壬	戊	癸	戊	사
子	戌	亥	辰	주

⑧
시	일	월	연	구분
丁	癸	丙	壬	사
巳	亥	午	子	주

⑨
시	일	월	연	구분
丁	丙	辛	庚	사
酉	申	巳	午	주

⑩
시	일	월	연	구분
甲	乙	辛	庚	사
申	酉	卯	寅	주

5. 암충격(暗冲格)

● 충관격(冲官格)(飛天 祿馬格)

官이 八字에 없는 것으로 大運에서도 만나지 말아야 한다.
팔자에 한가지 五行이 없는 官을 冲來해 온다.

丙 午 日 生 ─ 午多하고 官殺이 없을 때
丁 巳 日 生 ─ 巳多 〃   〃
庚 子 日 生 ─ 子多하고 官殺이 없을 때
壬 子 日 生 ─ 子多하고 正官이 없을 때
辛 亥 日 生 ─ 亥多하고 官殺이 없을 때
癸 亥 日 生 ─ 亥多하고 正官이 없을 때
　庚 子 日 生 ─ 申子辰이 완전하고 命中에 官星이 없고 大運
이 보이지 않을 때 冲官格이라 한다.

예 ①

시	일	월	연	구분
己	丙	庚	甲	사
丑	午	午	午	주

②

시	일	월	연	구분
乙	丁	甲	丙	사
巳	巳	午	午	주

③

시	일	월	연	구분
壬	壬	壬	壬	사
寅	子	子	子	주

④

시	일	월	연	구분
癸	癸	己	辛	사
亥	亥	亥	亥	주

아홉째편

조후론(調候論)

제1장   木에 대하여

木은 참천지세(參天之勢)가 있어 위로 오르기만 하여 그칠 줄을 모른다. 목기가 너무 강하면 金으로 자르고 다듬어 억제하는 것이 좋다. 따라서 木은 金을 만나야 쓸모 있는 재목이 되는 것이다. 또한 木에는 土가 많이 있어야 뿌리가 튼튼해져 나무가 장실하다. 土가 적고 가지만 무성하면 뿌리가 뽑혀 쓰러질 염려가 있다.

木은 水가 生하여 주니 물이 적으면 나무가 자랄 수 없고, 물이 많으면 떠내려간다.

甲戌, 乙亥는 木의 근원이고 ㄱ
甲寅, 乙卯는 木의 고향이며   │ 활목(活木)
甲辰, 乙巳는 木의 生地이다. ㄴ

甲申, 乙酉는 木이 克을 받고 ㄱ
甲午, 乙未는 木이 죽고   │ 사목(死木)
甲子, 乙丑은 金에게 극을 받는다. ㄴ

生木은 火가 있어야 수기(秀氣)를 발한다. 즉 丙丁火가 있어야 좋다. 死木은 金을 만나 다듬어져야 성물(成物)이 되니 庚辛金이 있어야 좋다.

生木은 金을 보면 스스로 상하고 死木은 火를 보면 불에 타버린다.

金木의 세력이 동등하면 金으로 木을 깎아 수레바퀴를 만든다. 그러나 金이 重하면 도끼로 상할까 두렵다.

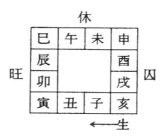

1. 봄 木(春木)

木이 봄에 나면 추운 기운이 아직 남아있으니 火로써 따뜻하게 해 주어야 좋다. 이렇게 되면 木이 웅크리고 위축되는 염려가 없다. 水가 있으면 뻗어나가게 하는 작용을 하나, 이른 봄에는 水가 盛함을 꺼린다. 너무 냉습하면 뿌리가 썩고 잎이 마르기 때문이다.

봄은 건조한 때이니 물이 너무 없어도 잎이 시들고 뿌리가 튼튼하지 못하다. 水火가 같이 있어야 좋다.

土가 너무 많으면 木이 흙더미에 파묻히게 되니 좋지 않고 적당히 있으면 재물이 풍성하다.

金이 많으면 잘라지는 걱정이 있어 일생동안 분주하고 기를 펴지 못한다. 木이 旺하면 金을 얻어 그릇을 이루니 貴하게 된다.

2. 여름 木(夏木)

여름은 火가 旺하여 잎은 시들고 뿌리는 건조해진다. 木이 水를 얻으면 굽고 시들었던 잎과 가지가 펴지고, 火가 지나치면 가뭄에 타버린다.

土는 적어야 좋고 많으면 재화를 초래한다. 金이 많음을 꺼리나, 부족해서도 안 된다. 부족하면 나무를 다듬을 수 없기 때문이다. 木이 많으면 숲을 이루어 겉으로만 무성하니 종내 결과가 없다. 水가 있고 火가 투출하면 木火通命이니 총명하고 수기(秀氣)가 있다.

3. 가을 木(秋木)

가을이 되면 기후는 냉냉하고 나무의 잎이 떨어지며 기운은 뿌리로 돌아간다.

초가을에는 아직 火기가 남아 있으므로 水土가 있어야 씨앗을 여물게 한다. 仲秋에는 열매가 여물었으니 金이 있어야 거두고 다듬는다. 상강이 지나면 水가 많음을 꺼리니 나무가 떠내려갈 염려 때문이다. 한로 이후에는 火를 얻어서 얼어 붙는 근심을 없애는 것이 좋고 土重함을 꺼리니 土重하면 木이 제 구실을 못하기 때문이다.

金이 重하면 火로서 억제하고 보호해 주어야 한다.

4. 겨울 木(冬木)

겨울엔 춥고 水盛하니 불로써 한기를 없애 주고 土로써 물을 막아 나무가 떠내려가는 근심을 없애야 한다. 金이 重하면 냉기를 더하여 좋지 않다. 겨울 木은 젖은 나무이니 불로써 말린 후에 金으로 깎아야 한다.

金이 없으면 貴할 수 없고 火가 없으면 富할 수 없다.

제2장 火에 대하여

火는 열과 광명(빛)을 가지고 있으니 木으로 체(體)를 삼는다. 火는 여름을 만나야 그 뿌리가 있다. 빛과 열은 오래가지 못하니 숨겨져 있어야 한다. 나무가 타버리면 잠시이지만 화롯불이나 숯불은 오래 간직되는 것이다. 그러면 밝지는 않아도 오래간다.

木이 없으면 불길이 오래가지 못하고 水가 있어야 치열한 불길을 억제할 수 있다. 火만 많으면 타 없어지니 건실하지 못하고 물건을 상한다. 木은 火기를 숨겨가지고 있어서 寅卯辰方에서는 火가 生하고 서쪽으로 가면 火가 꺼진다. 南쪽에선 火가 성하여 과단성이 있다. 水를 보면 소심해져 조심하고 예의만 지킨다.

金을 얻으면 그릇을 만들고 水와 조화되면 기제(旣濟)의 공이 있다. 土를 만나면 빛이 흐려지고 많으면 움츠러들게 된다. 木을 만나 旺氣를 얻으면 발전한다. 木이 약하면 불길이 오래가지 못하니 비록 영화가 있어도 오래가지 못한다.

봄에는 木을 보면 꺼리게 되니 스스로 타버릴까 걱정됨이다. 여름에는 土를 꺼리니 빛이 흐려짐을 막기 위함이다. 가을에는 金을 꺼리니 旺金을 능히 다루기 어렵기 때문이다. 겨울에는 水를 꺼리니 水旺하면 불이 꺼지기 때문이다.

그러므로 春火는 밝되 너무 염열(炎烈)하지 않아야 하고, 秋火는 감추어져 너무 밝지 않아야 좋고 冬火는 생조되어야 꺼질 염려가 없게 된다.

```
              旺
        ┌──┬──┬──┬──┐
        │巳│午│未│申│
        ├──┼──┴──┼──┤
        │辰│     │酉│
        ├──┤     ├──┤ 休
        │卯│     │戌│
        ├──┼──┬──┼──┤
     生 │寅│丑│子│亥│
        └──┴──┴──┴──┘
              囚
```

1. 봄 火(春火)

봄에 태어나면 母가 旺하여 불길이 솟아오르는 상이다.

木으로 부조(扶助)함이 좋으나 지나치게 왕성하면 모왕자쇠(母旺子衰)하여 좋지 않다. 火가 旺하면 水로써 식혀 주면 좋다. 土가 많으면 불빛이 흐려져서 좋지 않다. 火가 지나치게 旺하면 물건을 상하게 하고 스스로 타버린다. 金을 보면 녹혀서 그릇을 얻으니 火가 旺하더라도 나쁘지 않다.

2. 여름 火(夏火)

여름의 火는 때를 만나 불길이 치솟는 상이니 水를 보아야 자초(自焚)의 화를 면할 수 있다. 木을 보면 더욱 불길이 세어지니 요절을 면하기 어렵다. 金을 만나면 양공(良工)을 얻은 것이 되고 土를 보면 만물을 길러 주니 좋다.

金土가 좋다하나 水가 없으면 금은 녹고 土는 타버리게 된다. 더욱 木이 가세하면 위험하다.

3. 가을 火(秋火)

가을의 火는 성질과 체상이 휴수되니 木을 보아야 다시 광

명을 얻고 살아난다. 水를 보면 불이 꺼지는 것을 면할 수 없
다. 土가 많아도 약한 불빛이 흐려지게 된다.

金多하면 火가 무력해지니 火가 거듭 있어야 빛이 나고 이
롭게 된다.

4. 겨울 火(冬火)

겨울의 火는 體가 끊어지고 형이 없어졌으니, 木이 生해 주
어야 회생(回生)한다. 水를 보면 불씨가 완전히 꺼지게 되니
土가 억제하여 주면 좋다. 火가 또 있으면 동기간의 구원을 받
는 것이 되어 좋다. 金을 보면 약한 불이 金財星을 감당할 수
없게 된다.

불씨만 겨우 남은 형국으로 기름을 붓고 나무로 불을 일으
켜야 하니 木을 만남을 제일 기뻐하는 것이다.

제3장 土에 대하여

오행 중의 土는 사방에 뻗쳐 있다(辰, 戌, 丑, 未). 木火金水
모두가 土에 의하여 象을 이루고 유지된다. 따라서 4계절 모두
에 영향을 끼친다.

火는 土를 生하고 土는 火를 의지하니 火가 死하면 土도 약
해진다. 즉 酉는 火가 死에 해당하니 土 역시 수(囚)하게 된
다. 또한 土가 水財를 기뻐한다하나 水旺하면 土가 무너지게
된다.

사유(四維)의 土는 春夏에 氣旺하면 實하게 되고 秋冬에 氣
弱하면 虛하게 된다. 土가 金火를 보면 큰 그릇을 이룬다. 土

가 너무 重하여도 막히어 貴할 수 없고 허약하여도 무능하니
둘 다 꺼리는 바다.

예를들어 장개석의 사주를 살펴보자.

시	일	월	연	구분
庚	己	庚	丁	사
午	巳	戌	亥	주

이 사주는 秋令에 土旺하나 양쪽 庚
金에 설기가 지나치므로 巳午未 南
方火地에서 功名을 잃은 것이다.

土는 전왕(專旺)되는 때가 있으니 辰戌丑未에 기왕(奇旺)
한다. 또한 4계절에 18日씩 旺하니 四季之神을 따라 음양을 가
른다. 辰戌은 陽支이니 戊土가 되고 丑未는 음土이니 己土로
써 지장간에 따라 독특한 작용을 한다.

辰은 水의 묘고(墓庫)가 되고 未는 木의 묘고가 되니「복수
익목(伏水匿木)」이라 한다. 또한 辰에는 乙木의 여기(餘氣)
가 있고 未는 丁火를 감추고 있으니 夏火의 여기가 있다.

辰은 水木에 의지하고 未는 木火에 의지한다.

辰未의 土는 만물을 길러 주는 작용을 한다. 즉 春夏의 역할
을 한다. 戌은 火의 묘고가 되며 丑은 金의 묘고가 된다. 戌은
辛金을 감추니 가을의 여기가 되며 丑은 癸水를 감추니 겨울
의 여기가 된다. 그러므로 戌丑의 土는 숙살지기로 거두어 간
직하는 역할을 한다.

따라서 土가 辰, 未에 모이면 貴하고 戌丑에 모이면 그렇지 못
하다. 土는 후중(厚重)하여 장수하는 경우가 많고, 대실(大實)
하면 水가 없어야 좋고 조(燥)하면 火를 보지 말아야 한다.

木이 없으면 소통이 되지 않고 火多하면 불에 타고 여자의
경우 자식을 기르지 못한다. 사계에 土가 旺하나 戌에서 약하

니 戌이 많으면 싸움을 좋아하고 잠이 많다. 辰未月에 출생하
면 음식을 잘먹고 丑月生은 청성(淸省)하다. 丑土는 良土로서
癸水가 기름지게 하기 때문이다.

1. 봄 土(春土)

봄에는 土가 허하므로 火로써 생부(生扶)하여야 한다. 따라
서 木이 旺함을 꺼리고 水가 넘치는 것을 두려워한다. 이럴 때
에는 같은 土가 도와줌을 기뻐하고 木을 억제하여 주는 金을
얻으면 좋다. 그러나 金이 태과(太過)하면 土기가 약해지니
좋지 않다. 이럴 때는 火로써 金을 얻게하는 한편 土를 生해
주어야 좋은 것이다.

木氣가 旺하면 金으로 木을 억제하는 것이 시급하고 다음에
火로써 도와 주는 것이 순서이다.

2. 여름 土(夏土)

여름에는 火旺하여 土가 갈라질 위험성이 있으니 이를 꺼린
다. 土가 생부(生扶)된 것은 좋으나 건조하고 메마르니 水로
적시어 줌이 시급하다. 木을 보면 火세를 더하니 좋지 않으나

水를 보면 지장이 없다. 金이 있어 水를 生하면 처재수관(妻財水官)이 이롭게 된다. 비견, 겁재가 많으면 土는 막히게 되니 木으로 소통시킴이 좋다. 木을 쓰는 데에는 水가 있어야 좋다. 그렇지 않으면 木이 火를 生하여 克土의 역할을 못하기 때문이다.

3. 가을 土(秋土)

가을엔 金이 旺하니 金多하면 土氣를 설(洩)한다.(子旺母衰), 金이 旺하면 火로써 제복함을 기뻐하는데 이를 토금상관패인(土金傷官佩印)이라 한다. 木이 왕성하면 金으로 억제하여야 좋다. 火가 重해도 꺼리지 않음은 金을 극하고 土를 生하기 때문이다.

水가 많으면 냉습한 土가 되어 나쁘고 비견성이 많으면 도움을 얻어 財를 감당한다. 상강절에는 비견이 없어도 무방한 것은 土가 왕성하기 때문이다.

4. 겨울 土(冬土)

겨울의 흙은 밖으로는 차고 안으로는 따뜻하다. 水旺하면 財가 풍성하나 身强해야 한다. 金이 많으면 자식이 빼어났으며 火旺하면 신주고강(身主高强)하니 영화가 있다. 이 때엔 木을 보아도 무방하다. 비겁이 있으면 신주가 힘을 얻어 장수한다.

제4장 金에 대하여

金은 외음내양(外陰內陽)으로 매우 굳은 성질이 있어 火가 있어야 성기(成器)할 수 있다.

金이 중하고 火가 경하면 행하는 일에 장애가 많다. 金이 경하고 火가 중하면 녹아 없어지게 된다. 金이 重하고 火가 강하면 가장 좋은 命式이 되는데 이를 「주인(鑄印)」이라 한다. 丑은 金의 묘고가 되니 「손모(損模)」라 한다.

木火가 연금(煉金)하되 庚金이면 공명을 이룬다. 辛金이 水를 만나면 부자가 되고 현달하니 좋으나 水旺하면 金이 물에 갈아 앉게 되니 좋지 않다. 土가 능히 金을 生하나 土가 많으면 묻히게 된다. 水가 없으면 샘물의 수분이 마르며, 土가 아주 없어도 金이 死絶되어 불리하다. 양금이 양화와 만나면 제일 좋고 兩金과 兩木이면 財가 足하다. 一金에 三水면 힘이 부치므로 水를 꺼린다. 一金이 三木을 보면 金이 무디어져 손해를 초래한다. 金이 盛하면 火는 약하니 未가 있으면 그릇을 이룬다. 대운은 서북으로 감이 유리하고 남방은 불리하다.

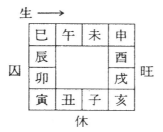

1. 봄 金(春金)

正月에는 庚金이 絶地에 다다르니 土가 있어 生하여 주면 약한 중에도 다시 살아나는 상이다. 土가 약하고 木旺하면 木이 土를 극하여 약해진 土는 金을 生할 수 없다. 火가 있으면 土를 生하는 한편 金을 따뜻하게 하여 주므로 火가 제일 중요한 用神이 된다. 火중에도 특히 丙火가 좋다.

土가 重하면 金이 묻히니 꺼린다. 이럴 때엔 甲木으로 소토 (疏土)하여야 좋으므로 丙火甲木이 투출하면 좋은 명식이 된 다.

혹시 사주가 土多하고 甲木이 투출하면 貴하게 된다. 甲木이 감추어지면 富하나 庚이 다시 투출하면 재를 상하니 좋지 않다.

또는 丁火가 투출하고 戊己土가 도우며 水가 없으면 부귀한 다. 왜냐하면 寅中甲木이 丁火의 根이 되는데 水가 없으면 丁 火 관성을 극하지 않으니 관성이 유기(有氣)하여 재왕생관 (財旺生官)하니 부귀하다 이르는 것이다.

火가 많으면 金이 약하니 土를 써서 도와 주어야 한다. 혹 地支에 火局을 이루어 壬水가 투출하고 根이 있으면 관살 火 를 水가 제압하니 부귀하는 명식이다.

水가 약하면 잔병이 많고 평생 예측하지 못하는 화가 있다.

2. 여름 金(夏金)

여름의 金은 유약하여 死絶될 위험성이 있어 이를 매우 꺼 린다. 火가 성하여도 水가 많을 때는 나쁘지 않다. 木을 보면 조귀(助鬼)하므로 몸을 상하고 이럴 때는 비겁이 있으면 좋 다. 土가 약하면 유용하게 쓸 수 있으나 土가 지나치면 즉 이 몰(理沒)되어 빛을 잃는다.

3. 가을 金(秋金)

가을의 金은 득령(得令)하였으니 火로써 단련하여야 종이 나 솥 등의 成物을 이룬다.

土重하면 도리어 金을 탁하고 무디게 만든다. 水를 보면 수기(秀氣)를 발하여 예리한 金이 되고 木을 보면 깎고 다듬는 위세를 보여준다. 다시 金이 도우면 과강하여 결단력이 있으나 지나치면 도리어 쇠한다.

4. 겨울 金(冬金)

겨울의 金은 한냉하니 木이 많으면 다듬고 깎지를 못한다. 水가 旺하면 金이 물에 빠질 근심이 있다. 이때에 土가 있으면 능히 水를 억제하여 金을 감싸주므로 냉을 풀 수 있다. 火가 도우면 土母가 도움을 얻어 좋다. 비겁이 있으면 기세를 도와준다. 官印을 함께 봄이 좋다.

제5장 水에 대하여

하늘이 西北으로 기울어지니 水의 출생지는 亥이고 辰은 납수지(納水地)이다. 역류되어 申에 이르면 소리를 낸다. 水는 아래로 흐르는 성격이니 서쪽은 역류하는 것이 된다. 12신에 따라 순행하면 좋으니 도량이 넓고, 길신이 도와주면 貴格이다. 12支를 역행하면 소리가 나나, 격식이 좋으면 淸貴하여 이름이 널리 퍼진다. 刑, 冲을 꺼리는 것은 횡류(橫流)될까 걱정됨이다.

水는 근원이 끊어지지 않아야 하니 金이 근원이 되어 오래도록 멀리 흐르게 된다. 水가 넘쳐 흐르면 土로써 제방을 삼아야 하고 水火가 균등하면 기제(旣濟)의 공이 있다. 水土가 혼탁하면 물이 흐려지니 흉하다. 火多하면 수가 증발하기 때문에 역시 꺼린다.

土重함도 꺼리는데 물이 흐르지 못하기 때문이다. 金이 死한 상도 불리하니 水가 근원이 약해지기 때문이다. 木이 旺하면 水가 힘을 쓰지 못하여 좋지 않다.

水命이 동요하면 물이 넘치는 상이니 여자의 경우 더욱 꺼린다. 陽水는 身弱이면 궁색하나 陰水의 여자는 약해야 귀하게 된다.

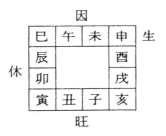

1. 봄 수(春水)

水가 봄에 生하면 도도하고 방탕하다. 다시 水를 보면 제방을 무너뜨릴 기세가 된다. 그러나 土가 강하면 그럴 염려는 없다.

金이 생부(生扶)해 줌을 원하나 많음은 좋지 않다. 火로써 기제(旣濟)할 경우 火旺은 꺼린다. 木을 보면 공을 이루고 土가 없으면 산만해진다.

2. 여름 水(夏水)

여름에는 물이 근원으로 돌아가 고갈되므로 비견을 얻고 金을 보아 生해야 한다. 火가 旺하여 물이 메마르고 증발하는 것은 좋지 않다. 木이 왕해도 水기를 더 약하게 하니 좋지 않다. 土旺해도 물이 흐를 수 없게 된다.

3. 가을 水(秋水)

가을 水는 旺한 金이 生해 주니 청등(淸燈)하게 된다.

水가 신강하니 戊土가 제극(制克)하여 줌이 좋고 己土는 水를 혼탁하게 하니 꺼리는 바다. 火가 많으면 재물이 풍성하고 木이 重하면 자식이 영화롭다. 水가 重重하면 물이 흘러넘칠 우려가 있다. 이런 경우는 強土가 제극하여 주면 제일 좋다.

4. 겨을 水(冬水)

겨울의 水는 火를 보아 따뜻하게 해 주어 한기를 몰아내야 한다. 土를 보면 형(形)을 감추어 지하로 흐르게 된다. 金多하면 냉기를 더하고 물을 넘치게 하니 꺼리는 것이다. 木이 旺해야 強水가 수기(秀氣)를 발하게 되어 좋다. 土가 지나치면 水가 메마르게 되어 꺼리나 물이 넘칠 때는 土로써 제방을 삼아야 좋다.

열 째편

응용하는 법

제1장   행운간명법(行運看命法)

행운이라함은 대운(大運)과 세운(歲運), 월운(月運) 등을
말한다.

사주 원국은 그 사람의 타고난 운명적 여건을 판단하는 기
준이 되지만 그 사람의 흥망성쇠, 길흉의 「시기」를 아는 것은
행운간명법에 의해 가능한 것이다.

運 [大運, 세운, 일진]을 볼 때는 지지는 뿌리, 천간은 꽃
으로 본다.

지지는 12운성을 주로 보고 천간은 육신을 위주로 본다.

1. 대운(大運)에 대하여

만물은 春, 夏, 秋, 冬 계절의 변화에 따라 영향을 받는다.
小宇宙인 인간도 계절이 변하는 것처럼 일생의 길흉의 시기가
변하는 것이다.

1) 대운은 10년 주기로 바뀌는데 天干, 地支를 각각 5년 씩
보는 설과 천간을 3년 지지를 7년으로 보는 학설 등이 있으나
오행의 상호작용을 참고로 하여 봄이 타당하다.

예

구분	연	월	일	시
乾	乙	辛	丁	庚
命	丑	巳	巳	子

五 四 三 二 一
四 四 四 四 四 四
乙 丙 丁 戊 己 庚
亥 子 丑 寅 卯 辰

庚辰 대운은 支가 干을 生하니 干의 작용이 강하다. 己卯 대운의 경우 支가 干을 克하니 干의 작용이 약하며 戊寅도 마찬가지다. 乙亥 대운은 支가 干을 生하여 干의 작용이 강하다.

2) 身弱사주는 부조하고 身旺일 때는 억제하는 운을 만나야 吉運이 된다.

3) 격식을 파하는 운은 좋지 않고 격식을 도와주는 운이 좋다.

4) 대운 干支가 상극하면 기세가 약해지고 상생하면 기세가 강해진다.

5) 사주 원국의 干支와 동일한 대운에는 해당 사항이 重하게 나타난다.

6) 命이 좋은 것보다 運이 좋아야 발복할 수 있다.

7) 길운(吉運)

• 官格에 인수로써 상관을 制할 때의 인수운

• 財生官하고 신약일 때 일주를 돕는 운

• 인수 용신을 財가 파극하는 경우의 비겁운

• 식신과 관살이 格을 이루고 신약일 때의 인수운

• 七殺이 중하고 식신이 制할 때의 식신운

• 상관 패인격(佩印格)에 관살운이 와서 인수를 生할 때

- 양인용관격(羊刃用官格)에 재운이 와서 관살을 生할 때
- 月支 양인이고 財를 용신으로 할 때의 식상운

8) 흉운(凶運)

- 정관격이 신약으로 인수가 없을 때의 상관운
- 財格에 식상이 투출되지 않았을 때의 관살운
- 인수 용관격에 재운이 와서 식이화재생산(食以化財生殺)할 때, 관성을 합하여 去하는 운
- 식신대살격(食神帶殺格)에 財運이 와서 식이화재생살(食以化財生殺)할 때
- 식신이 제살(制殺)하는 데 도식(到食)운이 와서 극인(克印)할 때
- 상관패인격(傷官佩印格)에 財運이 온 경우
- 양인용살격(羊刃用殺格)이 식신을 본 경우
- 건록용관격(建祿用官格)이 상관을 본 경우
- 재다신약(財多身弱)인데 관살운이 온 경우
- 비겁중중(比劫重重)하고 식상이 없는데 財를 본 경우

9) 길운이 온 것 같으나 흉한 경우

예

시	일	월	연	구분
甲	甲	辛	戊	사
子	子	酉	辰	주

丙 乙 甲 ㉚ 壬
寅 丑 子 亥 戌

왼쪽 사주의 경우 月干 정관이 아름다운데 癸運이 와서 日主를 돕는 것 같으나 戊年干과 합하여 火가 되니 정관을 克하여 貴를 손상시킨 것이다.

10) **흉한 것 같으나 길해지는 경우. (逢凶化吉)**

- 관격이 식상운을 만났으나 인수가 투출된 경우
- 재격이 관살운을 만났으나 식상이 있을 때

11)「유행 간이 불행지자(有行 干而 不行支者)」란?

丙日에 亥年 子月 출생이면 丙丁운은 일주를 도우나 巳午는 相冲되므로 평지풍파가 된다.

12)「유행지이 불행간자(有行支而 不行干者)」란?

甲木이 酉月에 출생하고 辛金이 투출하였는데 약한 경우 申酉운을 보면 관성이 녹근(祿根)을 하여 좋다. 庚辛운엔 관살혼잡이 되어 나쁘다.

13)「합살위희(合殺爲喜)」란?

丙生 亥月에 壬水가 투출하면 임수는 칠살이다.

丙운에는 일주를 도와 주나 丁운엔 丁壬合하여 살을 제거한다. 丁生 亥月에 임수가 투출하였으면 丙운에 힘을 얻고 丁운을 보면 壬水를 合하여가니 좋지 않다.

丁生 亥月 壬水 투출인데 戊土 투출이면 癸운이 와서 戊土 상관을 合去하니 귀해지는 것이다.

14) 같은 오행의 地支라도 길흉이 다르다.

戊生 卯月에 丑年이면 申운에는 장생이 되나 酉운에는 酉丑合하여 상관이 되어 흉하다.

戊生 卯月 子年 亥時이면 申운에는 申子水局하여 生官하나 酉를 보면 丑과 合하여 상관이 된다.

15) 年月을 冲하면 급하고 日時를 충하면 느리게 나타난다.

월령제강을 대운이 冲하면 중하고 기타 地支는 경하다. 또한 용신 자리를 충하면 중하고 기타는 경하다.

사생지(四生支)(寅申巳亥)를 冲하면 중하고

전왕지(專旺支)(子午卯酉)는 혹성혹패(或成或敗)하며

사고지(四庫支)(辰戌丑未)는 붕충(朋冲)이라 한다.

16) 운이 좋을 때 冲하면 화가 가벼우나 운이 나쁠 때 冲하면 화가 무겁다.

대운과 세운 겹쳐 충하면 중하게 나타난다.

17) 冲을 만났으나 충이 아닌 것은?

甲用酉官하는데 卯가 冲이면서 巳丑合이 있으면 冲이 무력하고, 亥, 未가 있어도 三合되니 冲할 수 없음이다.

18) 一冲이 兩冲인 경우

乙用 申官인데 申이 둘이고 寅이 하나이면 兩神을 冲할 수 없으나 다시 寅운이 오면 두개의 寅과 申이 冲되는 것이다.

2. 세운(歲運)에 대하여

사주명리학의 근본 목적은 진퇴의 시기 즉, 길흉의 시기를 알아 미리 대비하는 데 있다. 운이 좋지 않을 때는 근신하며 소극적으로 처신하여 흉을 피하고, 길운이 왔을 때에는 힘차게 전진하여 싱사시켜야 한다.

즉 봄이 왔으면 씨앗을 뿌리고 여름에는 가꾸며 가을에는 때맞춰 거둬들이며 겨울에는 휴식하며 다음 농사를 준비하는 것과 같다. 이렇듯 각 개인의 命에 따라 어떠한 시기가 왔는가를 미리 알아서 재앙과 손재를 미리 피하고 기회가 왔을 때는 놓치지 않고 적극적으로 처신하여야 한다.

※ 쉽게 세운을 알 수 있는 방법

시	일	월	연	구분
③	⑧	①	①	사
丁	壬	乙	乙	
⑦	⑫	⑨	①	주
未	子	酉	丑	

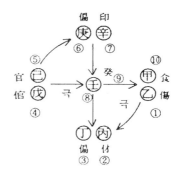

이 사주의 경우 乙丑生이
므로 乙年은 1살, 11살, 21
살……이고 壬年 즉 日干
가 같은 해는 8세, 18세,
28세……

丁火 정재운은 3살, 13살……로 나간다.

元命에 가지고 있는 육신은 작용이 강하다.

◇ 세운 보는 법

• 사주 격국에 따라 용신이 세운을 맞아서 생조되는가 파
극되는가를 살핀다.

• 일주의 천간과 歲干, 일주와 歲支의 合, 刑, 冲 관계와
공망을 살핀다.

• 격식이 성격이 되는가 파격이 되는가를 살핀다.

• 대운과 세운의 관계를 본다.

• 세운의 천간지지가 동일 오행이면 작용이 강하다.

• 대운은 지지를 중하게 보나 세운은 천간의 육신을 중하
게 본다.

- 생일 일간은 자신이고 대운은 나의 활동지이고 세운은 그 곳에서 만나는 사람이다.
- 일주와 세운과의 관계를 본 다음 연주, 월주, 시주와 세운 과의 관계를 본다.
- 일간이 歲干을 극하면 재앙이 온다.
- 대운과 세운의 상생, 상극관계를 본다.
- 연주와 동일한 해를 만나면 凶이 발생한다.

예를 들어 즉 甲子生이 甲子年을 만난 경우가 회갑년이 되는 것인데 흉을 막기위해 회갑잔치를 하는 것이다.

- 일주와 동일한 해도 복음살이라 하여 지나간 일로 인해 재앙이 발생한다고 본다.
- 三合, 六合의 해에는 결혼, 화합, 단결 등의 吉事가 있다.

제2장 육친(六親)

육친은 부(父), 모(母), 처(妻), 자(子), 형제(兄弟)와 자신을 총칭한 말이다.

1. 처궁(妻宮)

- 비겁이 많고 財가 많으면 처를 극한다.
- 財가 旺하고 신약인데 비겁이 없으면 처를 극한다.
- 관살이 많고 인수용신인데 財를 보면 그 처가 험악하여 남편을 극한다.
- 관살이 약하고 身旺인데 財로써 용신을 삼을 경우, 비겁이 克하면 그 처는 미인이지만 남편을 극한다.
- 겁재, 양인이 중하고 재성이 약하며 식상이 生해 주는데, 편인이 운에서 식상을 극하면 그 처가 흉사한다.
- 재성이 약하고 관살이 旺하여, 식상이 없고 인수가 있으면 그 처는 몸이 약하여 질병이 있다.
- 겁재, 양인이 旺하며 재는 없고 식상이 있을 때 그 처가 현숙하면 남편을 극하나 못났으면 괜찮다.
- 관성이 약한데 식상을 보고 재성이 있으면, 현처이고 남편을 극하지 않는다.
- 관성이 약하고 식상이 중하며, 인수가 있고 재성을 보면 그 처는 못났으나 남편을 극하지 않는다.
- 신강하고 살이 약하며 財가 殺을 生하고, 관성이 중하고 식상이 旺한데 財星이 化할 때, 인수는 중한데 財가 旺하면 그 처는 현숙하고 아름답다. 또는 처로 인하여 치부(致富)한다.

• 살(殺)이 重하고 신약인데 재성이 관살을 生하거나, 官이 많아서 인수용신인데 재가 극하거나, 상관격이 인수용신인데 재가 旺하여 克印하는 등은 그 妻가 현숙하지 못한 악처이고, 처로 인하여 재화가 일어나고 몸을 상한다.

• 日支에 재가 있고 그 재가 용신이면 처로 인하여 재물이 생긴다.

• 日主가 재를 기뻐하는 데 한신(閑神)과 合하여 忌神이 되면 그 처는 외정(外情)을 품는다.

• 日主가 財를 꺼리는데 合하여 財가 되면 부부간에 불화가 잦다.

예 1

시	일	월	연	구분
丁	庚	乙	癸	사
丑	申	丑	卯	주

己庚辛壬癸甲
未申酉戌亥子

왼쪽의 사주는 寒金이 건록지에 있고 丑 인수가 生해 주니, 身强하여 丁火官을 쓸 수 있다. 연간 癸水가 丁火를 극하니 기신(忌神)인데 乙木이 통근하여 설수생화(洩水生火)하니 그 처가 현숙하다. 처덕으로 인하여 귀하여졌으니 三子를 두어 자식도 귀하게 되었다. 즉 처가 용신이면 현처이고 처덕을 보게 되는 것이다.

예 2

시	일	월	연	구분
癸	丁	乙	丁	사
卯	酉	巳	未	주

戊己庚辛壬癸甲
戌亥子丑寅卯辰

丁火가 火旺節에 生하여 비겁과 인수가 중중하니 신강이다. 時干 癸水로 억제하기엔 약한데 酉金이 卯木을 충거(冲去)하고 水를 生하였다. 출신은 가

난하나 癸운에 입학하고 처를 얻었다. 壬운에 등과하여 辛丑
운에 처덕으로 군수까지 지낸 사주이다.

2. 자녀(子女)

　보통 女命은 식신, 상관을 자녀로 보고 男命의 경우는 관성
을 자녀로 본다. 그러나 신강, 신약과 사주 격식에 따라서 달
라진다. 또 時柱는 자녀의 자리로 보아서 시에 자녀성이 생부
(生扶)되는가 충극되는가로 결정한다.
　보통은 12운성이 時에서 어떻게 되었는가로 보는 방법이 있
으나 단편적인 방법이다.

```
長 生 四 子 中 旬 半        沐 浴 一 雙 保 吉 祥
冠 帶 臨 官 四 子 位        帝 旺 五 子 自 成 行
衰 中 二 子 病 中 一        死 中 至 老 沿 兒 郞
絶 中 領 取 他 人 子        入 墓 之 時 命 夭 亡
受 氣 爲 絶 一 個 子        胎 中 頭 女 有 姑 娘
養 中 三 子 只 留 一        男 女 宮 中 仔 細 祥
```

　● 日主가 旺하고, 인수가 없고 식상이 있으면 자녀가 많다.
　● 일주가 왕하고 인수가 중하고 식상은 경한데 재성이 인수
를 억제하여 식상을 보호하면 자녀는 많고 현명하다.
　● 일주가 왕하고 인수가 많은데 식상이 없고 재성이 있으면
자녀가 많고 유능하다.
　● 일주가 약하고 인수가 있는데 식상이 없으면 자녀가 많다.

- 일주가 약하고 인수가 경한데 식상이 중하며 자녀는 적다.
- 일주가 약한데 인수가 경하고 재성이 있으면 자식이 없다.
- 일주가 약한데 식상이 중하고 인수가 없어도 자식이 없다.
- 일주가 약한데 식상이 약하고 비겁이 없고 관성이 있으면 자식이 없다.
- 일주가 약하고 관살이 중하고 인수가 약하며 財가 숨어 있으면 딸이 많다.
- 일주가 약하고 七殺이 중하고 식상이 약한데 비겁이 있으면 딸이 많고 아들이 적다.
- 일주가 약한데 관살이 중하고 인수. 비견이 없으면 자식이 없다.
- 일주가 旺하면 식상이 약하고, 인수를 보고 재성이 있으면 자식은 적고 손자가 많다.
- 일주는 왕하고 인수가 강하고, 관살은 약하고 재성이 있으면 자식은 있으나 손자가 없다.
- 일주는 약하고 식상이 왕하고, 인수가 있고 재성을 보면 자식이 있어도 없는 것과 같다.
- 일주는 약하고 관살이 왕하고, 인수가 있는데 재성을 보면 자식이 있으나 불효하다.
- 陽일간이 陽時이면 아들을 많이 얻고
  陽일간이 陰時이면 先男後女이고
  陰일생이 陰時이면 女兒를 많이 두고
  陰일생이 陰時이면 先女後男이다.
- 상관이 旺한데 관성을 보면 자손이 해롭고, 시주에 상관이 있고 공망을 보면 자식을 두기 어렵다.

• 사주명리학의 전반이 그러하듯이 전체적인 관련성을 충분히 살펴서 검토한 연후에야 위의 이론을 적용시킬 수 있다. 또 현대는 산아제한 등으로 하나나 둘을 낳고 마는 경우가 많으니 참작해야 할 일이다. 그런 경우에도 자식이 귀한 팔자인 경우에는 마찬가지이다.

• 대개 火가 많으면 아들이요 水가 많으면 딸이다. 陽干支가 많으면 아들이요, 陰干支가 많으면 딸이다.

3. 부인(婦人)

1) 부인의 命은 관성을 취하여 貴를 삼고 福을 삼는 것이다.

팔종원리(八種原理)
　순수(純粹)　　화순(和順)　　고귀(高貴)　　탁추(濁醜)
　란망(亂妄)　　창기(娼妓)　　음녀(淫女)　　극부(克夫)

• 財가 旺한데 관성이 없으면 그 남편은 부귀한 사람이다. 인수, 식신이 명예요 귀함이 되지만 인수가 생왕되면 식신이 파괴되므로 자식을 얻기 어렵다.

• 인수와 재성과 관성이 함께 사주에 있으면 반드시 부귀한 집안에 태어나서 현숙한 귀부인이 될 것이다.

• 예컨데 甲日이 辛酉를 보면 정부(正夫)이다. 丁火와 午火는 정부를 상해하는 해신(害神)이며 庚申은 편부(偏夫)이다. 만일 甲일간에 庚申辛酉가 여럿 있으면 남편을 잃고 재혼한다.

• 사주내에 재성이 많고 관성이 太旺하여도 정부와 외부 (外夫)가 많으며 음난하다. 재성이 많아도 음난하다. 여명은 일반적으로 재약하고 관성이 강하며 子星이 좋아야 좋은 명조 (命造)이다.

• 만일 관성이 생조지(生助地)를 얻어 왕성하고, 칠살은 식신에 의하여 억제되고, 日干이 有氣하고 인수와 천월 二德이 있으면 남편은 영화하고 자녀가 귀하게 되니 귀부인이 된다.

• 상관이 있고 관성을 보면 극부재가(克夫再嫁)하며 고생이 많다. 아니면 질병으로 고생한다.

• 상관이 있고 고진, 과숙살이 있으며 日時가 공망이면 재삼 결혼을 한다. 아니면 정부 노릇을 하거나 첩이 된다.

• 여명의 사주에 天月二德이 있으면 산액(産厄)이나 혈병 (血病)이 없고 음난한 기품이 없다.

신약이면 시부모와 남편을 잘모신다. 신강이면 남편을 속이고 부모에 불효한다. 시비를 일으키고 성품 또한 순하지 않으므로 두려움이 있다.

• 지나치게 신약이면 질병이 있고 무능하여 남편의 구박을 면할 수 없다.

• 고란살(甲寅 辛亥 丙午 壬子)이 있으면 남편 없이 독수공방하는 팔자이다.

• 음양차착살을 가지면 혼가(婚家)에 불리하다.

• 사주에 상관이 있고 재성을 암초(暗招)하면 남편을 데릴사위로 맞아들인다.

• 신쇠(身衰)하고 부왕(夫旺)하면 정결한 부인이다. 七殺이 旺하고 신쇠하면 고한(孤寒)한 부인이다.

• 정기관성이 있어서 재관이 다 생왕되며 인수와 천덕이 겸하고, 一殺이 있으나 제복될 것이며, 상관은 生財하고 日干이 祿地에 있어 재성을 만나고, 관성을 생조하며 日貴가 財를 만나고, 살성이 인수에 있어서 生印되며 천월이덕이 부신(扶身)하고 양인은 제복되면 부인명은 귀격이다.

2) 용신으로 남편을 삼는 경우
• 관성이 太旺하고 비겁이 없고 인수가 있으면 인수가 남편이다.
• 비겁이 있고 인수가 없으면 상관. 식신이 남편이다.
• 관성이 태약하고 상관이 있으면 재가 남편이다.
• 재가 없고 비겁이 왕하면 상식이 남편이다.
• 비겁으로 가득차고 인수, 관성이 없어도 식상이 남편이다.
• 인수가 많고 관살, 식상이 없으면 財가 남편이다.
• 상관이 왕하고 일주가 약하면 인수가 남편이다.
• 일주가 旺하고 식상이 강하면 財가 남편이다.
• 관성이 약하고 인수가 중하면 재가 남편이다.

3) 남편의 길흉
• 관성이 약하고 재가 없고, 일주가 강하고 상관이 중하면 克夫한다.
• 관성이 약하고 재가 없고 비겁이 旺하면 그 남편을 속이는 사람이다.
• 관성이 약하고 재가 없고 일주가 강하고 인수중하면 남편을 속이고 극한다.

• 관성이 약하고 인수가 많고 재성이 없으면 克夫한다.

• 비겁이 旺하고 관이 없고 인수가 왕하고 재가 없으면 克
夫한다.

• 관성이 旺하고 인수가 경하고 일주가 약하면 남편을 극한다.

• 비겁이 旺하고 관성이 없고 상관이 있고 인수가 중하면
克夫한다.

이상은 女命에서 관성위주로 남편을 보는 고전적 이론이다.

4) 자녀와의 관계

• 일주가 왕하고 상관이 왕하며 인수가 없고 재성이 있으면
자식이 많고 귀하다.

• 일주가 왕하고 상관이 왕하며 재, 인이 없으면 자식이 많
고 강하다.

• 일주가 왕하고 상관이 약하며 인수가 있고 재가 국을 이
루었으면 자식이 많고 부자가 된다.

• 일주가 왕하고 식상이 없으며, 관성이 국을 이루었으면
자식이 많고 현명하다.

• 일주가 왕하고 식상이 없으며, 재성이 있고 관살이 없으
면 자식이 많고 유능하다.

• 일주가 약하고 식상이 중하며, 인수가 있고 재성이 없으
면 자식이 있다.

• 일주가 약하고 식상이 경하며, 재성이 없으면 자식이 있
다.

• 일주가 약하고 재성이 약하며, 관인이 왕하면 자녀가 있다.

• 일주가 약하고 관성이 旺하며, 재성이 없고 인수가 있으면 자식이 있다.

• 일주가 약하고 관성이 없고, 재성이 있으며 상관 겁재가 있으면 자녀가 있다.

• 일주가 旺하고 인수가 있고 재성이 없으면 자녀가 적다.

• 일주가 旺하고 비견이 많고, 관성이 없으며 인수가 있으면 자녀는 적다.

• 일주가 旺하고 인수가 중하며, 재성이 없으면 자식이 없다.

• 일주가 약하고 재성이 중하며, 인수를 만나면 자녀가 없다.

• 일주가 약하고 재성이 중하며, 인수를 만나면 자녀가 없다.

• 일주가 약하고 관살이 旺하면 자녀가 없다.

• 일주가 약하고 식상이 旺하며, 인수가 없으면 자녀가 없다.

아래 사주는 자녀가 없거나 자녀가 혹 있으면 남편을 극하거나, 남편을 극하지 않으면 단명하다. 아니면 음난하게 되니 한이 되는 것이다.

화염토조 무자(火炎上燥 無子)

토금습대 무자(土金濕帶 無子)

수핍목부 무자(水乏木浮 無子)

금한수냉 무자(金寒水冷 無子)

중첩인수 무자(重첩인수 無子)

재관태왕 무자(財官太旺 無子)

만국식상 무자(滿局食傷 無子)

5) 아래와 같은 사주는 하천(下賤)한 命이다.

- 일주가 旺하고 관성이 약하며 재성이 없어 적을 불러 들일 때
- 일주가 旺하고 관성이 약하며 식상이 중하고 재성이 없어 속이는 사람
- 일주가 旺하고 관성이 약하고 일주가 타신(他神)과 合去된 경우
- 일주가 旺하고 관성이 약하며 관성이 日主와 合去된 경우
- 일주가 旺하고 관성이 약하며 재성이 없고 상식이 강한데 관성이 의지할 데 없는 경우
- 일주가 약하고 재성이 없으며 식상이 있고 인수가 日主에 세력을 의지할 때
- 일주가 旺하고 관성에 근이 없으며, 일주는 관성을 돌보지 않고 재성이 合去된 경우
- 일주가 약하고 식상이 중하며 인수가 약한 자
- 일주가 약하고 식상이 중하며 인수가 없고 재성이 있을 때
- 식상이 甚하고 재관이 세력을 잃을 때
- 관성은 재성의 生을 받지 못하는 데 비겁이 식상을 生할 때
- 상관으로 가득차고 재가 없을 때
- 관성으로 가득차고 인수가 없을 때
- 비겁으로 가득차고 식상이 없을 때
- 인수성으로 가득차고 재성이 없을 때

6) 기타

- 여명이 관성을 취용하는데 혹시 남편이 칠살이 될 때는

一位만 있어야 한다. 관성이 많으면 克夫한다.

그러므로 관성이 사주에 가득차면 꺼리고 살성이 가득차면 도리어 복이 된다.

- 상관은 **貴**를 깨뜨리니 상관운에 克夫하고 흉해지니 제복되어야 한다. 상관과 도화가 함께 있으면 기녀(枝女)가 된다.
- 辰戌이 전부 있으면 음난하고 파가하며 상부극자한다. 잔병으로 고생하거나 수명이 짧다.
- 寅用巳亥가 전부 있으면 외롭고 음난하다.
- 子午卯酉가 전부 있으면 타인을 따라 달아날 사람이다.
- 辰戌丑未가 다 있어도 부궁(夫宮)이 온전치 못하다.
- 천간에 一字가 連해 있으면 고파격(孤破格)이나 복은 많다. 地支에 一字連이면 재혼할 팔자이다.

4. 부친(父親)

- 편재가 부친인데 비견, 겁재가 많거나 月支 양인, 건록이 왕하여 편재가 死絶되면 克夫하게 된다.
- 그럴 경우 일찍 아버지를 여의거나 서로 떨어져 반목하고 질병으로 고생하며 父德이 不吉하다.
- 편재가 너무 많아도 두 아버지를 모시니 좋지 않다.
- 편재가 根이 있고 투출하였거나 식상이 生해 주면 그 아버지는 유능하다. 부친의 덕을 입는다.
- 편재성에 어떤 신살이 있는가에 따라서 구체적인 판단을 해야한다.

5. 모친(母親)

• 正印이 어머니가 되니 재가 많으면 어머니를 극하게 된다. 정재가 많으면 어머니가 재혼한다.

• 편재가 死絶인데 생조자가 없고 克害됨을 입으면 그 모친의 전 남편이 극상(克傷)한 것이다.

• 인수가 장생지에 있으면 인자, 정숙하고 수명도 길다. 母子간에 화목한다.

• 인수가 양인살지(羊刃殺地)와 쇠절묘지(衰絶墓地)에 임하며 고과(孤寡)살이 있으면 그 모친이 현명하지 못하니 잔병이 많고 불목한다.

• 財가 많아서 인수를 극하면 어머니와의 인연이 박하여 이별하거나 떨어져 살게 된다.

6. 처첩(妻妾)

• 정재는 정처가 되고 편재는 첩이니 甲木이 己土를 보면 정처요 戊土는 편재에 해당한다. 이 때 木局을 만나면 상처(喪妻)한다. 甲寅과 같이 천간지지가 같아도 상처하거나 처가 부정(不正)하다.

• 재성(財星)이 쇠패(衰敗)하고 묘절(墓絶)되면 그 처가 질병이 있고 현명하지 못하다. 그렇지 않으면 나이가 들어 처가 재혼한다.

• 비견이 있고 재성이 도화에 임하면 처첩(妻妾)이 사통(私通)할 것이다. 日支나 月支에 財星이 있으면 처의 내조가

많으며, 처로 인해 재물을 얻을 것이다.

 ● 편재가 월령에 의하여 生旺되든지, 기타의 生助를 얻어 정재보다 왕성하면 첩이 처를 극하니 처의 권리를 빼앗는다. 정재가 자왕(自旺)하면 처가 첩을 용납하지 않는다. 관살이 거듭 있으면(財의 財) 처가 유능하여 일을 잘 처리한다.

 ● 財多하고 신약하면 처가 도리어 그 남편을 이긴다. 신왕하고 재성이 좋으면 부부화목하고 처덕도 있다.

 ● 日主가 공망을 만나고 고진과 고란살이(甲寅, 丙午, 壬子, 辛亥) 음양착살을 만나면 극처(克妻)하거나, 존친이나 가족으로 인하여 별거생활을 하거나, 데릴사위, 처가살이 등을 하게 된다.

제3장 남녀 합혼법(男女 合婚法)

1. 남성이 여성을 택할 때(選婚法)

남성이 여성을 택할 때는 먼저 상대자의 명식(命式)을 보아야 한다. 명식을 볼 때는 夫星과 子星의 흥패를 보아야 한다. 먼저 夫星이 건왕하여 재성이 있어 生助하는가를 살피고, 다음은 子星이 왕성하면서 극함을 받지 않나를 살피고 아울러 수명, 건강, 성격의 조화 등을 본다.

2. 여성이 남성을 택할 때(選夫法)

여성이 남성을 택할 때에도 먼저 상대방의 명식이 좋은가를 보아야 한다. 태과, 불급하지 않고, 처신(妻神, 財)이 있으며, 中和의 기를 얻어 원만한가를 살핀다. 특히 財, 官, 印, 食의 세력이 균등하면 성격, 명운이 모두 좋은 편이다.

元命과 보조적으로 대운의 길흉을 살피어 그 사람의 출세운, 수명관계 등을 살핀다.

3. 합혼의 방법(合婚의 方法)

• 남명에 妻財의 根을 파하는 비견, 겁재가 많으면 상관 식신이 많은 여성을 배우자로 한다.

만약 반대로 여자가 비견, 겁재가 많으면 남자는 상관 식신이 많은 사람으로 짝을 지운다.

• 상관은 남편을 극하고 편인은 자녀를 극하지만 사주명식에 따라 달라진다.

• 남·녀 불문하고 중화된 사주를 제일로 치나 元命이 부족하면 대운에서 보충해 주어도 괜찮다.

• 사주의 용신을 참작하여 상대방이 용신에 해당하는 경우는 좋다.

• 木氣가 旺하면 상대방은 火로써 설기시켜 주는 것이 좋다.

• 여자의 金氣가 旺하면 남자는 火기가 왕성해야 좋다.

• 남성의 木氣가 왕성하여 金으로 제하여야 좋은 경우는 여성의 金이 旺하여야 좋다.

• 한쪽의 명식에서 부족하고 약한 부분은 상대방 명식에서는 강하여야 좋다.

4. 여명의 남편궁(男便官)

• 사주중 정관은 있는데 편관은 없고, 편관은 있는데 정관이 없으면 관살 혼잡이 아니다. 그 남편은 체질이 건강하고 성격도 좋아서 정이 좋다.

• 정관이 녹에 봉하면 남편은 신체가 비대하고 온화 충실하다. 명식 배합이 좋으면 모두 부귀하고 정이 좋다.

• 官 또는 殺이 천을귀인에 동궁(同宮)하면 남편은 청수하고 현명한 인격자이다. 好運이 오면 반드시 발복한다.

• 관살, 어느 것이라도 장생을 얻으면 부귀하고 수명이 길다. 日干이 강해서 파극되지 않으면 부부해로한다.

• 천성(天星)이 쇠약하고 死墓를 얻을 때에는 남명을 克한

다. 重하면 남편과 일찍 死別한다.

●夫星 또는 日支를 冲하면 남편을 극한다. 대운이 충하여도 부부간에 변동이 생기고 심하면 이별한다.

●日支의 편관이 旺한데 制하고 합함이 없으면 남편의 성질이 거칠어 부부간이 원만치 못하다.

겹쳐서 충하면 부부가 흉하게 망하든지 서로 원수가 된다.

●정관을 상관이 극하고 있는 사주는 남편을 극하여 좋지 않다.

●정관, 편관이 혼잡하면 재혼하거나 外情이 생기니 좋지 않다.

●편관을 억제하는 신이 있으면 남편은 어질고 부인의 도움을 얻는다.

●日主가 약하고 관살이 旺하면 남편으로부터 克을 받게 된다.

相性이 불량한 남편과 결혼했다면 수명은 짧아진다.

●관살이 역마를 띄었으면 먼 데서 혼사가 이루어지든지 남편이 운수, 무역, 외무계통에 종사하는 사람이다.

●정관과 日支가 합하면 부부의 정이 좋다.

●비견, 겁재가 많고 투합(妬合)하면 남편은 가정을 돌보지 않고 외출 외박이 심하다.

●夫星과 도화가 동궁하면 연애결혼이거나 남편이 풍류를 좋아한다.

●生日에 상관이 있고 旺하면 남편과 사별한다.

관성이 약하면 생이별한다. 상관운이나 비견, 겁재운에 주의해야 한다.

단 財格일 때는 흉이 해소된다.

- ●生日 비견 겁재 등도 부부이별 다툼이 있다.
- ●生日에 정재가 있으면 남편과 시부모를 섬기고 정이 좋다.
- ●生日에 인수가 있으면 남편은 총명하고 현량해진다. 정재 격이면 남편은 어리석다.
- ●夫星이 三合會局하여 旺하면 남편은 사회의 신망이 두텁 다. 남편이 사업을 하는 경우가 많다.
- ●종살격은 남편이 명문가일 경우가 많다.
- ●생일이 약한데 비견, 겁재가 있고 모두 왕처(旺處)에 봉 (逢)하면 남편은 外情을 가진다.

5. 남명과 처궁(男命과 妻官)

- ●먼저 재성을 보고 일주의 旺衰를 보며 행운과 재성과의 관 계를 종합하여 판단한다.
- ●사주에 財星이 있고 건록에 座하든지 逢하면, 처는 건강하 고 성질이 온후하고 유순하며 가정을 잘 돌본다.
- ●상문, 조객과 同宮하면 처를 刑克한다. 고진, 과숙과 同柱 하면 육친골육에 의지할 곳이 없는 처와 인연이 있다.

6. 합혼(合婚)의 선택

◇ 성격상의 相性
- ●부부의 日干이 서로 상생하면 좋다.
- ●양쪽이 똑같이 지나치게 身旺하면 서로 양보하지 않고, 지

지 않으려고 하여 충돌하기 쉽다.

　●똑같이 身弱이면 역경을 타개할 용기가 없어 시종 불평,
불만이 많다.

　●서로의 이상이 합치되는 사람끼리 만나는 것이 좋다.

　즉 직업적인 합치, 예술이나 체육의 같은 분야, 종교인끼리
의 결합, 사업계통의 일치 등이 이루어지면 좋다.

◇ 명식상의 상성(命式上의 相性)

　●일간끼리 간합이 되면 좋다.

　●地支에 六合, 三合 등이 있으면 좋다.

　●형, 충, 파, 해, 원진 등은 피한다.

　●서로 용신에 해당하는 배우자를 선택함이 좋다.

　　비겁이 많으면 관살이 많은 사람,

　　식상이 많으면 인수가 많은 사람,

　　재성이 많으면 인수나 비겁이 많은 사람이 좋다.

　●일간이 동일 旬中 공망에 해당하면 좋다.

　●격식의 등급이 비슷해야 좋다.

◇ 결혼시기의 선택

　●남자는 재성이 좋아지는 운

　●여자는 관성이 좋아지는 운

　●中和를 잃어서 지나치게 강하든지 약하면 용신이 생조되
는 때가 좋다.

　●三合, 六合되는 시기가 좋다.

◇ 택일
- 천월덕귀신(天月德貴神), 천을귀인(天乙貴人) 해당 日
- 三合, 六合日
- 사주의 용신 해당일 등이 좋다.
- 형, 충, 파, 해, 공망, 고진, 과숙을 피한다.
- 시각(時刻)도 마찬가지이나 일반적으로 천을귀인이나 건록에 해당하는 시간으로 정한다.

제4장 질병론(疾病論)

1. 오행과 인체

오행은 하늘에서 오운(五運)으로 돌아가고 땅에는 5기가 있다. 이에 대응하여 인체에는 5장6부가 있다.

즉 오장(五藏)은 간(肝), 심(心), 비(脾), 위(腎)이요, 6부(六腑)는 담(膽), 소장(小腸), 위(胃), 대장(大腸), 방광(膀胱) 등이다.

사람은 만물의 영장이라고 하는 것은 五行을 완전히 갖추고 있어서 우주와 꼭 닮았기 때문이다. 그래서 사람을 「소우주(小宇宙)」라 칭하는 것이다.

- 오장은 음에 속한다.
  乙(간) 丁(심장) 己(비장) 辛(폐) 癸(신장)
- 육부는 양에 속한다.
  甲(담) 丙(소장) 戊(위장) 庚(대장) 壬(방광)
- 육부는 오장을 싸고 있어서 밀접한 관계를 가지고 있다.
- 오행이 和하여 있으면 평생 질병이 없다. 불화되거나 太過하거나 不及되면 병이 생기는 것이다.

나타나는 증세료는 풍(風), 열(熱), 한(寒), 조(燥), 습(濕) 등이 있다. 이것은 태어난 계절, 일간, 전체적인 오행의 조후(調候)관계가 직접적인 원인이 되는 것이다.

2. 음양변화(陰陽變化)

一氣가 혼돈 중에 陰陽으로 나뉘어 청탁(淸濁)이 갈린다. 청하면 상승하고 탁하면 하강하니 자연의 이치이다. 상승한 것은 陽이 되고 하강한 것은 음이되니 양의(兩儀)를 이룬다. 청탁의 중간에 중기(中氣)가 있으니 음양의 축이 된다.

축이 動하여 청기는 상승하여 火가 되고 탁기는 하강하여 水가 된다. 火는 뜨겁고(熱), 水는 차갑다.(寒)

반승미성화(伴升未成火)하면 木이 되는데 목기는 따뜻하고(溫), 온기가 쌓이면 열이 되어 火를 이룬다.

반강미성수(半降未成水)하여 金이 되는데, 금기는 서늘하고(涼) 냉기가 쌓여 한기를 이루면 水가 된다.

水, 火, 金, 木이 四象을 이루어 一年이 된다.

양이 상승하여 반년을 이루고 음이 하강하여 반년을 이룬다. 양이 상승하여 봄(春)을 이루고 음이 하반(下半)하여 가을을 이룬다. 양이 전승(全升)하니 여름이요, 음이 전강(全降)하니 겨울이다. 춘생하장(春生夏長)은 木火의 氣로서 춘온하열(春溫夏熱)하다. 추수동장(秋收冬藏)은 金水의 氣로서 추량금한(秋涼金寒)하다. 土는 전위(專位)가 없어 사계지월(四季之月)에 기(奇)한다. 각 18일 씩이며 사령(司令)의 時는 6月 末土하여 합 사상(四象)하므로 오행이 된다.

3. 기혈본원(氣血本原)

• 간은 血을 간직하고 폐는 氣를 간직하니 기의 근원은 위요, 血의 本은 비(脾)가 된다.

● 脾土가 좌선하여 온난한 기운이 乙木을 生하고 胃土가 우선하여 수렴작용을 하니 辛金이 된다.

● 午半에 陰生하니 陰生則 降三陰이라 우측으로 하강하여 肺金이 되니 心火之 淸降者와 肺氣淸凉하며 收斂한다.

● 子半에 陽生하니 陽生則升三陽이라 左升하여 肝木를 生하니 肝木은 腎水가 溫升한 것이다. 肝血이 溫暖하여 發生한다.

● 腎水溫升하여 化木함은 己土가 左旋함이요, 心火淸降하여 化金함은 戊土가 右旋함이니 고로 脾가 血을 生하는 근본이요, 胃가 化氣之源이다.

● 氣는 肺가 다스리니 장부와 경락의 氣를 통활하고 血은 肝에서 다스리니 장부경락의 血을 조정하는 곳이다.

● 氣가 오장육부에 있으면 氣요 經絡에 있으면 위(衛)라 한다. 血이 장부에 있으면 血이요 경락에 있으면 "영(榮)"이라 하니 영위란 경락의 기혈이다.

4. 정신화생(精神化生)

● 肝血이 溫升하여 열이 되어 生火하고 肺氣가 淸降하여 淸化寒하여 腎水를 生하니 水의 차가움이 오장의 응고를 이룬다.

● 음이 극하면 陽을 生하고 음이 순수한 중에 陽기를 품고 있다.

5. 형체결구(刑體結溝)

肝主 筋하니 其榮은 爪니 肝氣盛則 筋膜이 和暢하고

心主脈하니 其榮은 色이니 心氣盛則 脈絡이 疏通條達

脾主肉하니 其榮은 脣이니 脾氣盛則 肌膚 풍만충실하고

肺主 皮하니 其榮은 毛이니 肺氣 盛則皮毛密致而 윤택하고

腎主 骨하니 其榮은 髮이니 腎氣盛則 골수가 강건하니

五氣가 조화된 즉 형체가 具備된다.

人身은 骨이 뼈대를 이루고 근육이 관절과 연결되고 맥이 영위와 통하고 肉이 피부를 채운다.

6. 오관(五官)

肝一目　心一舌　肺一鼻　腎一耳

오장의 정기는 입을 통하고 머리에 위치한다.

오장은 음인데 陰極하면 生陽한다. 陽性은 淸虛하여 위로 올라 神明을 生한다.

사람이 젊어서는 淸升濁降하여 上虛・下實하고

노쇠해지면 淸降이 濁逆하여 上實・下虛하다.

7. 오기분주(五氣分主)

	色	臭	味	聲	液
肝	靑(누린내)	燥	酸	呼	泣(생즙)
心	赤(탄내)	焦	苦	笑	汗(땀방울)
脾	黃(단내)	香	甘	歌	涎(기름과 같은 물)
肺	白(노린내)	腥	辛	哭	涕(맺힌 물)
腎	黑(썩은내)	腐	鹹	呻	唾(침)

- 肝主色

  五장의 色이 肝氣가 작용함이니

      入　心　爲　赤

      入　脾　爲　黃

      入　肺　爲　白

      入　腎　爲　黑

      自　入　爲　靑이다.

  - 心主臭

        入　脾　爲　香

        入　肺　爲　腥

        入　腎　爲　腐

        入　肝　爲　臊

        自　入　爲　焦

  - 脾主味

        入　肺　爲　辛

        入　腎　爲　鹹

        入　肝　爲　酸

        入　心　爲　苦

        自　入　爲　甘

  - 肺主聲

        入　脾　爲　歌

        入　腎　爲　呻

        入　肝　爲　呼

        入　心　爲　言

        自　入　爲　哭

● 腎主液

入　肝　爲　淚
入　心　爲　汗
入　脾　爲　涎
入　肺　爲　涕
自　入　爲　唾

8. 오정기연(五情起綠)

肝氣 風 其志爲 怒
心氣 熱 其志爲 喜
肺氣 燥 其志爲 悲
腎氣 寒 其志爲 恐
脾氣 濕 其志爲 思

陽기가 오르면 火가 되어 열을 生하고
陰기가 하강하면 水가 되어 寒하게 된다.
己土가 東으로 오르면 木火를 生하고
戊土가 西쪽으로 하강하면 金水를 生하고
生長則 喜怒하고 收藏則 悲恐이니라.

9. 장부보사(臟腑補瀉)

근심걱정 생각이 많으면 心을 상하고
춥고 음냉하면 폐를 상한다.
노(怒)기가 역상하면 간을 상하고

음식이 노권(勞倦)하면 비를 상한다.

습지에 오래 앉아 있거나, 水를 많이 흡수하면 신을 상한다.

※ 허하면 보기모(補其母)하고 실하면 사기자(瀉其子)하라.

- 肝은 心之母요 脾는 心之子이니
  心虛하면 補肝하고 心實 커든 脾를 사하며
- 脾는 肺之母요 腎은 肺之子이니
  肺가 허하면 비를 보하고 폐가 實하면 신을 사하고
- 脾가 허하면 心을 보하고 실하면 폐를 사하고
- 腎이 허하면 폐를 보하고 실하면 肝을 사하고
- 肝이 허하면 腎을 보하고 실하면 心을 사한다.

담은 혼을 감추어 있고
간은 백(魄)을 감추고 있고
신은 精을 가지고 있으며
심은 神을 감추고 있고
비는 氣를 감추고 있다.

10. 질병의 발생

질병은 정신과 기혈이 부조화됨으로 생긴다. 그 相克된 오행과 부위를 따라 각종의 질병이 발생한다.

◇ 日主에 따른 병

金 : 칼이나 쇠붙이 등에 의하여 상한다.

水 : 물에 빠지고 떠내려 가거나 술로 인한 병, 얼어 죽
    는 경우 둥이다.

木 : 다리에서 낙상하거나, 목매어 죽거나 뱀에 물린다.

火 : 밤에 잘 때 어지러움증이 있거나 화상이나 독충에
    물린다.

土 : 山이 무너져 다치거나 돌에 다친다. 구렁텅이에 빠
    지거나 무너지는 담에 상한다.

子 : 허리나 아랫배가 붓고 아픈 복신경통이 있다.

丑 : 위복통

寅 : 어깨나 사지, 허리, 무릎, 관절

卯 : 손

辰 : 등과 가슴

巳 : 얼굴

午 : 심장 복부

未 : 비장과 흉부

申 : 해소

酉 : 간과 폐

戌 : 동

亥 : 신장

• 천간과 인체 부위와의 산관관계 예

甲 - 머리	乙 - 이마	丙 - 어깨	丁 - 가슴
戊 - 겨드랑	己 - 배	庚 - 배꼽	辛 - 다리상부

壬 - 아래다리   癸 - 발

◇ 사주오행의 相克에 따른 질병
• 木日命에 庚申辛酉가 많은 경우

간담에 병이 있고 정이 놀라는 증세가 있다. 허하여 겁이 많고 페결핵, 구혈(嘔血), 머리가 어지럽거나 눈이 나쁜 증세가 있다. 천식, 반신불수(風), 입이 삐뚤어지거나 신경통, 관절염 등의 병이 있다.

피부가 건조하고 머리나 수염이 성기고 적으며 수족을 손상하는 상처를 입는다.

여자는 낙태하거나 血氣가 부조(不調)하다. 어린이는 급만성 경풍이 있고, 밤에 우는 증세가 있다.

• 火日命에 水가 많은 경우.

소장, 심장의 병이 있고 소리치고 가슴이 답답한 증세가 있다. 조열(潮熱) 증세가 있고, 입을 벌리고 있거나 발광하는 증세도 있다. 밖으로는 눈이 어둡고 실명(失明)할 경우도 있다. 종기나 피부병도 있고 어린이는 홍역, 마마를 앓아서 부스럼과 험이 생긴다.

부녀는 피가 건조하여 피와 땀이 나는 병을 앓는다.

• 土日土에 木이 많은 경우

비위(脾胃)계통의 질환이 있다. 위에 열이 있어 음식이 막히어 먹을 수 없는 위병, 식도병과 뱃속이 부푸는 확장증이 있다. 설사를 하고 음식을 취할 수 없으므로 토하는 병이 있다.

외상으로는 입이나 배에 흉터가 있다. 피부가 거칠고 어린이는 위장이 나빠서 몸이 야위고 헛배가 부른 증세가 있다.

● 金命에 火가 많은 경우

폐와 대장에 병이 있다. 기침병이 있다. 장에도 풍병(風病)이 있어서 치질을 앓을 수가 있다. 도깨비에 끌리어 백(魄)을 잃고 쓸데없이 헤매이는 증세가 있다.

피부가 건조하고 두풍(頭風)으로 코끝이 붉으며 악창으로 고생한다.

● 水日上에 土가 많은 경우

신장과 방광에 질병이 있다. 밤에 잘 때 정수(精水)를 설(洩)하게 된다. 도한(盜汗)이 있으면서 귀녀(鬼女)와 육체관계를 갖는 몽사(夢事)가 있다. 그 정기를 허손하여 귀가 먹기도 한다. 외증으로는 치통, 요통, 아랫배가 붓고 아픈 장신경통이 있다. 임질이나 비뇨기 계통의 병이 있으며 토하는 병이 있다.

부인은 사산하는 수가 있다. 하부냉증의 질환이 있는 것은 水가 土에 의하여 극상(克傷)된 때문이다.

제5장   격국종합 해설

1. 인수격(印綬格)

● 구성 : 월봉(月逢) 인수, 월지장간 중 투출된 것이 인수일 때, 사주에 인수가 많을 때

● 喜 : 身旺-재, 관, 식, 상

　　　　 身弱-인수, 비견, 겁재

● 忌 : 재성이 많을 때, 괴인(塊印)

　　　　 식상이 많을 때(허약)

　　　　 관살이 많을 때(太弱)

　　　　 형, 충이 많을 때(破格)

● 작용 : 부모의 덕이 있다. 성정이 순박 온화하고 조용하다. 학문, 종교, 발명, 연구, 창작력 등이 좋다. 학문에는 열중이나 재물과는 거리가 멀다. 자존심이 강하나 의타심이 있다. 몸은 대체로 건강하다. 선부후빈(先富後貧)이며 父先亡, 편모슬하가 많고 결혼이 늦으며 장남, 장녀가 많다.

　직업 : 교육, 언론, 문화, 기획, 연구, 문공, 문교, 어학교사, 정치가, 학자 등이 적합하다. 사업은 육영사업, 문화, 언론, 예술, 학원, 생산업 등이 적합하다.

　女命 : 시어머니와 불화한다. 이론이 지나쳐서 남편의 미움을 산다. 친정어머니의 말을 따르므로 남편과 불화가 생긴다.

2. 양인격(羊刃格)

● 구성 : 陽干日主가 월지양인일 때

　　　일주가 약하고 격이 성립되면 귀격

　　　일주가 太强이면 천격

- 喜 : 身旺이면 재, 관, 식, 상

　　　身弱이면 인수, 비견, 겁재

- 忌 : 관살혼잡, 비견, 겁재가 태왕할 때

　　　재살太旺

　　　身弱에 양인, 형, 충

- 작용 : 아버지와 인연이 없어 一家의 長으로 사회에 일찍 진출한다. 눈이 크고 구렛나루가 있으며 유산은 기대하기 어렵다. 속성속패하는 성격이다. 장남, 장녀로 탈재(奪財)가 많고 인덕이 별로 없으니 외롭다. 벌어도 쓰는 자는 따로 있다. 고집이 대단하여 한번 마음 먹으면 패망할 지라도 전진한다. 안하무인에 잔인성까지 있다. 사회에는 적합하지 않으나 그 용맹심만은 대단하다.

매사를 자기 위주로 처리하기 쉽다. 도처에 쟁투시비가 심하다. 경쟁자가 많고 시기 질투가 대단하며, 항상 핵심적인 인물이 되고자 한다.

건강하여 부러움을 사지만 한번 득병하면 중병이 될까 염려된다. 수술자국과 흉터가 있다. 심하면 불구가 될 수도 있다.

- 직업 : 무관(武官), 경찰, 수사계통, 운동선수, 체육인 등이 적합하다. 양인이 지나치게 많으면 고용인, 고기장사, 칼을 수집하는 사람. 칼장사, 목공, 철공소, 이발사, 재단사, 미싱사 등이 적합하다.

- 처궁 및 남편궁 : 부부궁이 좋지 않아 이별수가 있으나, 신약이면 괜찮다.

남자는 첩을 두거나, 재혼하며 자손궁도 부실하다.

女命 : 탈부(奪夫), 극부(克夫)의 상으로 홀로 되기 쉽다. 사회적으로는 돈벌고 빛을 볼 수 있으나 일가를 부양할 경우가 많다. 남자 같은 성격으로 만며느리면 좋다. 골격이 장대하여 남자상인데 흉사하는 수가 많다.

3. 건록격(建祿格)

- 구성 : 월지 건록인 경우
- 喜 : 身旺하면 관살, 재, 상, 식
  身弱이면 인수, 비견, 겁재
- 忌 : 身弱에 관살, 재가 혼잡하고 상식이 旺할 때,
  신약에 충, 파, 형이 있을 때
- 작용 : 강직하고 사심없이 항시 정당성을 추구한다. 거짓이 없고 어떠한 일이든 성실함을 보인다. 스스로 일을 만들어 만인에 봉사한다. 추리력과 암기력이 좋다. 고집을 꺾을 수 없고 일을 대담하게 추진한다.

부모의 덕이 없어 유산 없이 자수성가 한다. 형제 덕도 없으며 장남 장녀가 많다. 그렇지 않으면 장남 역할을 해야 한다.

건강은 좋아서 무병장수한다. 학업도 도중하차가 많다. 큰 재복은 없으나 의식걱정은 없다. 처궁이 부실하여 재혼하는 수가 있다. 자손은 귀하나 똑똑하다. 노후에는 고독해 진다.

- 직업 : 행정적 계통, 봉급사원
- 사업 : 대리점, 생산업, 납품업
- 女命 : 남편이 첩을 둔다. 형제간에 탈재(奪財)가 있으며

자손은 귀자(貴子)를 둔다.

4. 식신격(食神格)

- 구성 : 월봉식신(月逢食神)
    - 월지장간 중 식신이 투출된 경우
    - 식신이 많은 경우
- 喜 : 신왕이면 식신, 상관, 재성
    - 신약이면 인수, 비견, 겁재
- 忌 : 인수가 많으면 格이 부실하다.
    - 재가 많으면 格이 허약해진다.
    - 관살이 많으면 官과 食이 쟁투
    - 식상이 많으면 설기태왕(洩氣太旺)
- 작용 : 도량이 넓고 비만체구이다. 식성이 좋아 항상 식복이 있다. 남을 위하여 희생하고 도와준다. 서비스 정신이 좋고 시원시원하다. 비밀이 없고 상냥하다. 추리력이 좋고 다재다능하다. 상대방 심리를 간파하는 능력이 있다.

본래 심성이 후덕하고 매사를 정직하게 처리한다. 음덕을 베풀며 약자의 편에 서고 친절하다. 의식이 풍부하고 대화를 즐긴다. 지나치면 경솔하다는 평을 듣는다.

- 직업 : 육영, 문화, 기예, 생산가공, 식품업, 서비스업
- 女命 : 심성은 착하나 부궁(夫宮)이 부실하다. 남의 일에 적극적이고, 음식 솜씨가 좋다.

자녀운이 좋아서 자녀를 바라보고 산다.

5. 상관격(傷官格)

- 구성 : 월지 상관, 월지장간중 투출된 것이 상관일 때, 상관이 많은 경우
- 喜 : 身旺이며 상, 식, 재, 관
- 忌 : 인수가 많은 경우(破了傷官)
    관살이 많은 경우(상관약)
    상관, 식신이 많은 경우(日主 허약)
- 작용 : 겉으로는 도량이 넓은 것 같으나 속이 좁다. 희생적인 것 같으면서도 계산이 빨라 본인의 몫은 절대로 놓치지 않는다. 젊잖은 것 같으면서도 무의식 중에 반드시 본성이 드러난다.

말많고 허세가 많다. 무조건 상대방을 꺾으려고 하는 심성이다. 꾸미기를 잘하고 위법행위를 감행한다. 심하면 사기성이 있다. 자만심이 강하여 타인에 복종하지 않으며 비꼬고 냉소적이다. 무슨 일이든 진행하다가 본인이 불리하면 안면을 바꾼다.

평생 관재와 구설, 이탈성이 있다. 재주가 지나치게 많아서 직업의 변화가 많다. 지속성이 부족하여 번복을 잘한다. 일확천금의 꿈으로 투기에도 손을 대게 된다.

밀수, 탈세, 도박에 소질이 있다. 기술, 예능에도 유능하며 격이 좋으면 부자가 된다.

좋은 점도 많다. 영리하고 언변이 좋다. 융통성이 좋고 남보다 빼어나다. 격식이 좋으면 기술, 예능, 학문, 사업, 상업 등에서 이름을 날린다.

항시 말조심하고 끈기를 기르고 공부에 열중하여야 한다. 배신과 모략은 금물이다. 만인을 지도하는 직업에 종사하면 좋다.

이성관계에 관심을 자제하지 않으면 나중에 후회할 것이다.
- 직업 : 교육, 감사, 예능, 기술직, 수리업
- 사업 : 육영, 문화, 식품, 전자, 기술사업, 토건업
- 자녀 : 자녀가 부실하고 祖母, 장모 두분이다. 동서득자 (東西得子)한다.
- 여명 : 첫자손 낳고 부군이별한다. 남편덕이 없어 독수공방한다. 재취나 소실 등이 많고 매맞고 사는 수가 있다. 타자양육(他子養育)하거나 이성득자(異性得子)한다.

교육계, 간호원 등으로 나가면 액을 면하나 고생이 많다.

기생, 야당정치가 등에 상관격이 있다.

6. 정재격(正財格)

- 구성 : 월봉정재(月逢正財) 또는 월지장간 중 투출자가
         정재일 때, 正財가 많을 때
- 喜 : 身旺이면 재성, 상식, 관살이 좋다.
- 忌 : 身弱은 재, 관살이 많음을 大忌한다.
        비겁이 많으면 군비쟁재(郡比爭財)
        상식이 많으면 설기태왕(洩氣太旺)
        형, 충, 파(雜氣財官 제외)
- 작용 : 부모가 재정공무원이거나 사업하실 때 출생하였다. 태어날 당시 경제적으로 부유했다.

성실하고 부지런하며 금전 재산관리를 잘한다. 통솔력도 있
다. 실속이 있고 모든 일을 유익하게 잘 이끌어 나간다. 아버지
의 영향을 많이 받았다. 타산적인 성품에 소심하고 사물을 잘
다룬다. 항상 금전이 손에서 떠나지 않는다. 母先亡하고 학업
이 도중하차인 경우가 많다. 대학의 전공과목은 상경계가 적합
하다.

- 직업 : 재정공무원, 은행원, 경리, 세무원, 회계사, 물품관
리, 창고관리직
- 女命 : 살림 잘하고 夫德이 좋으며 시댁에 잘 따른다. 생
활력이 강하나 재물에 집착이 강하다. 저축하여 살림을 늘려간
다.

7. 편재격(偏財格)

- 구성 : 月逢편재, 월지장간중 투출자가 편재일 때, 正財가
      많을 때
  時上 편재격도 동일하다.
  신왕 재왕이면 부귀겸전한다.
  재다 신약이면 빈천하다.
- 喜 : 身旺하면 재, 관, 상, 식
  身弱하면 인수, 비견, 겁재
- 忌 : 재, 관살이 重할 경우
  상식이 많아서 일간이 허약할 경우
  비견, 겁재가 많을 때, 군비쟁재(群比爭財)
  충, 형(雜氣在官格 제외)

●작용 : 성격이 명쾌하다. 영웅 호걸 남아로 매사를 처리함에 임사즉결(臨事卽決)이다. 시원시원하고 **짧고 굵게** 살아가며 직선적이다. 가식이 없는 성품으로 농담도 잘하며 계산에도 밝고 **후할 때는** 계산도 하지 않는다. 상대를 다스림에 정도가 통하지 않으면 금전으로라도 내사람을 만들어야 하는 성격이다. 독립성이 강하여 타인의 구속을 싫어한다.

유산도 있으나 공부에는 취미가 없다. 돈 버는 데에는 남다른 능력이 있다.

풍류도 좋아하고 여자관계가 넓다. 사람을 잘 다루고 금전융통을 잘한다.

●직업 : 상경계가 제일 좋다. 사업가가 많으며 정치에도 관심이 있다 금융, 재정, 세무, 관리직, 영업판매 분야, 무역, 건축, 책임자, 법정(法政)계 등이 좋다.

●女命 : 여장부로서 융통성이 좋다. 사업의 수완과 통솔력 등으로 저명인사가 된다. 감투를 쓰고 돈버는 재주가 있어 돈 보따리를 들고 다닌다.

가정적인 사소한 일이나 잔정에는 관심이 없다. 남자처럼 활발하게 살아가는 편이다. 돈벌어서 남편의 뒷바라지 하는 경우가 많다.

8. 정관격(正官格)

●구성 : 월지장관 및 지장간 중 정관이 투출된 경우
※ 정관이 많으면 편관격으로 본다.
●喜 : 身旺이면 재, 관살, 身弱이면 인수, 견, 겁

● 忌 : 身太弱이면 大忌

　　　 財官殺 多逢이면 財殺太過

　　　 肩, 劫, 太旺으로 官衰

　　　 印綬太旺이면 官弱

　　　 傷食太旺이면 制殺太過 盡法無民

　　　 刑, 冲, 損貴

● 작용 : 명문 가정에서 출생하였다. 가정교육이 잘 되었으며 모범생이다. 정직하며 규율을 잘 지키고 부모말에 순종한다. 처신을 신중히 하여 함부로 말썽을 일으키지 않는다. 거취가 분명하고 인품이 순수하다. 행동이 정확하고 성정도 순박하여 인내심이 있다.

부친이 공직에 있었거나 벼슬한 집안의 태생이다. 행정관으로 입신하여 출세하며 보증수표라는 별명을 듣는다. 책임감이 강하여 윗사람의 인정을 받아 표창의 대상이 된다. 직장 승진도 빠르다. 명분을 중요시하여 그른 길에는 한눈을 팔지 않으나 너무 소심하고 고지식함이 결점이다.

처자 덕도 좋고 결혼 후에 건강도 좋다. 학업도 순탄하여 좋은 학교 최고 학부까지 마칠 수 있다. 그대로 취직도 순조로와 출세가 빠르다.

● 직업 : 공무원, 회사원, 법조계, 군, 경찰

● 여자 : 남편덕이 좋아 귀부인에 귀자를 둔다.

남편에 순종하고 품위가 있고 정숙하다. 살림과 가정에만 몰두하며 남편의 내조를 잘한다.

관운이 없는 남편과 만나면 결혼 후 남편의 관운이 열린다.

9. 편관격(偏官格)

• 구성 : 월지편관 및 월지장간중 투출된 것이 편관관
살과 혼잡되었을 때
　일주가 약하고 정관이 많을 때
• 喜 : 身旺이면 재, 관살
　身弱이면 인수(殺印相生)
　　　　　식신(殺刃相停)
　　　　　식상(食神制殺)
• 忌 : 身太弱은　大弱　(殺重身輕)
　　　官殺多逢　　　(　〃　)
　　　財星多逢　　　(財生殺)
　　　肩劫太旺　　　(身旺官衰)
　　　印綬太旺　　　(身旺官微)
　　　傷食多逢　　　(制殺太過)
　　　刑・冲　　　　(편관파극)
• 작용 : 부모의 덕이 없어 일찍 고향을 떠나 생활하였
다. 형제덕도 없어 의지할 곳 없다. 주거가 일정하지 않고,
불구 아니면 질병과 재난이 따른다.
　도처에 적이요, 구박하는 사람이니 반발심과 적개심에
불탄다. 조급하여 쟁투 시비가 빈번하고 몸에 흉터 투성이
인 경우가 많다.
　위협, 공갈에 심신이 괴로운 중에 누명도 쓴다. 궂은 일
은 혼자서 맡고, 방패막이가 된다. 주인을 위해서는 신명

을 바치는 의협심이 있다. 명(命)도 짧은 경우가 많고 사방이 막히어 되는 일이 없다. 결혼 후 병이 생기고 처자를 부양하기가 힘에 겹다.

재취에 타자양육(他子養育)한다. 관재구설 주의하여야 한다. 부인이 악처일까 염려된다.

● 직업 : 평생을 관직이나 군인으로 종사함이 제일 좋다. 학업도 도중하차 아니면 고학으로 마친다. 일신이 고달프다.

그러나 신강하고 관살도 왕하면 건강하고 기골이 장대하다. 무관, 별정직, 법조계, 정치인, 건축, 청부사업가, 관납사업 등으로 출세한다. 권력도 손에 쥐게 된다.

● 女命 : 팔자가 순탄치 않아서 재취가 많다. 심하면 내 것 주고 뺨맞는 등 구박을 당하고 산다. 남자로부터 이용당하고 배신당하는 수가 있다. 위협결혼, 결혼 후 병을 얻거나 소실생활 등의 경우가 많다. 그러나 건강하고 살이 강하면 권력가의 아내가 된다. 의사·여군 등이 좋다. 관살이 많고 격이 낮으면 기생이나 비구니가 된다.

부 록

1. 六十甲子의 종합해설

甲 子	水邊衰敗之木　　일지 正印 목욕살 1등(주색) 강직, 온순하고 담백, 온화하다. 옛것을 좋아한다. 자존심이 강하고 지기 싫어하며 창의력이 좋다. 감정과 색정에 빠질 우려가 있다. 군자다운 성품이 있 다. 女 : 중말 년에 남편과 이별 수가 있다.
甲 寅	堅實大材之木　　고란살, 日支 건록 강인하고 배짱이 좋으며 위협적이다. 통솔력, 영웅심 투지력이 왕성하다. 독립심, 자존심이 강하다. 부부이 별 수가 있다. 지기 싫어한다. 손재가 따른다. 男 : 손재상처, 女 : 독 수공방
甲 辰	鬱濕水松之木　　日支, 편재, 백호 호탕하고 명쾌한 성격이다. 理財, 금전 , 재물관리 능력이 탁월하다. 풍류를 좋아한다. 대범함과 통솔력, 융통성이 있다. 배우자를 잘 다스린다.
甲 午	枝葉茂盛之木　　日支 상관　목화통명 재주가 있다. 영리하고 수단이 좋다. 오만하다. 비평, 멋내고 꾸미는 일에 유능하다. 自己表現능력, 상대방을 꺾어누르는 특성이 있다. 학문, 예술, 기술 방면에 유능 하다.

甲 申	斫斷入水之木　　絶地　男:악처, 女:괴로운 배우자
	絶迦逢生. 불구인 경우가 많다. 체구가 작으면 괜찮다. 잔질과 고생이 따른다. 마음이 각박하다. 배우자로부터 괴로움을 받거나, 궁지에 몰리는 수가 많다.
甲 戌	石山老松之木
	난폭하고 일을 잘 저지른다. 호쾌한 성품이다. 직선적이다. 때지난 일에 손댄다. 일에 장애가 많다. 남의 일에 적극적이고 희생, 봉사심이 강하다.
乙 丑	沾泥初生之木　　日支편재, 2등
	성품이 온순 인자하고 조용하다. 청고함을 좋아한다. 건강이 좋지 않다. 학문, 예술, 종교를 좋아한다. 소심하고 배짱이 없다. 처를 아낀다.
乙 卯	堅實花草之木　　日支, 건록
	食祿이 좋다. 안정되고 성실한 생활을 한다. 치밀하고 분명한 대쪽같은 성품이다. 내심 강인하고 일의 끝맺음을 잘 하는 타입이다.
乙 巳	倒描花瓶之木　　고란살
	용모가 준수하고 멋을 부린다. 사치 허영기가 있다. 여자는 소실살이 하는 수가 있다. 보통 가정을 꾸미면 서로 상대방에 불만이 있다. 변덕이 심하다. 생김새는 아담하다.

乙未	藤蘿施架之木　　白虎殺 단정하고 명쾌한 성품이다. 치밀하고 섬세한 일에 유능하다. 타산적이다. 살림살이나 일처리 능력이 탁월하다. 약과 인연이 있다. 독약 등에 중독되는 수가 있다.
乙酉	盆花奇馥之木　　향기복　　絶 깔끔하고 단정하다. 유순하고 소심하다. 생활안정이 안된다. 질병이 있거나 신경과민하다. 남에게 의지하거나 얹혀 사는 수가 많다.
乙亥	水上奇生之木　　正印 인자, 청고하고 학문, 예술을 숭상한다. 기획, 창의력이 유능하나 재복이 부족. 생각은 깊으나 열매, 결실, 실행력이 부족. 끈기, 배짱이 부족하다.
丙子	夜月美麗之花　　沐浴, 咸池 본인이나 배우자가 美人이다. 단정, 수려하다. 여자는 남편덕이 있고 남자는 처에 의지하는 수가 많다. 소심하고 좌절이 따른다.
丙寅	日升陽谷 아침, 봄의 따뜻한 기운이다. 포부가 크고 허영이 있다. 꾸미고 멋을 내는 특성이 있다. 실속이 없다. 재물낭비가 있고 부부궁이 좋지 않다.

丙辰	**日經天羅　　食神, 천라지망살:辰巳戌亥** 일에 장애가 많고 좌절이 따른다. 흥행업에 종사한다. 체격은 대체로 좋고 낙천적이다. 유흥을 즐긴다. 비밀이 없고 적극적인 성품이다, 대화를 즐긴다.
丙午	**日麗中天　　刃** 명랑, 쾌활하고 적극적이다. 언변이 유능하고 화려하게 산다. 자기표현이 좋고 나서기 좋아하는 화급한 성격이다. 개방적이고 부지런히 활동하는 타입이다.
丙戌	**日入地網** 체격이 좋고 낙천적이다. 쓸 데 없는 일을 저지른다. 유흥을 즐기거나 그런 직업에 종사한다. 운동에 소질이 있다. 흥분을 잘하고 경솔한 편이다.
丙申	**日熙崑崙** 서산에 지는 태양의 상이다. 검약하고 노력은 많으나 공이 적다. 건강이 좋지 않다. 시력도 약하다. 일의 끈기가 부족하다. 남자는 처덕을 본다.
丁丑	**鑽激之花火　　백호, 식신, 중천에 떠 있는 달** 외유내강하다, 내심 강렬한 기상과 정신력이 있다. 내향적이다. 생활력이 강하다. 여자는 남편을 먹여살린다. 부지런하나 경솔, 실수가 있다. 자기주장이 강하다.

丁卯	**木屑香煙　　가루설** 예술적 공상적 신비적인 특성이 있다. 성격이 까다롭다. 비현실적이고 재복이 부족하다. 온화하고, 조용한 것, 깨끗한 것을 좋아한다. 재물의 손실이 많고 금전에 항상 궁박하다.
丁巳	**燧珠之火　　봉화(수)** 정신력이 강하다. 눈빛이 강렬하다. 집요하게 파고드는 성격이다. 기미, 주근깨가 보인다. 화가 나면 강렬한 성격이 나타난다. 민첩하고 판단력이 빠르다.
丁未	**灰燼之火　음착살** 고독하고 선량하며 복잡한 것을 싫어한다. 배우자나 주위사람들에 친절한 편이다. 대화를 즐긴다. 부지런하고 비밀이 없다.
丁酉	**琉璃燈光** 명쾌한 성격이다. 금전운이 좋고 발랄하다. 복이 있고 의식주가 편안하다. 돈도 잘 벌고 쓰기도 잘 쓴다. 대인관계를 많이 갖는 편이다. 성격은 단순하다.
丁亥	**風前之燭** 대체로 용모가 잘난 사람이 많다. 겁이 많고 소심하다. 특히 어둠에 대한 공포가 있다. 밤눈이 어둡다. 여자는 남편덕이 좋으나 가끔은 염세적이다.

戊 子	山下有泉 부지런하고 매사를 이롭게 처리한다. 금전운이 좋고, 재산관리를 잘하며 중개역할에 유능하다. 음주, 色에 빠질 염려가 있다.
戊 寅	屋上虛土 絶迦逢生. 겉으로는 강한 듯 하나 내심 좌절. 포기가 많다. 뒷감당 못 할 일에 큰소리만 친다. 항상 괴롭히고 방해하는 사람이 따른다. 부부불화가 있다.
戊 辰	蟹泉吐顯 똑똑하고 안정되어 있으며 어디가나 쓸모가 있다. 핵심적 인물이다. 남의 일도 잘 보아준다. 덕망이 있어 사람이 잘 따른다. 고집이 지나치게 강하여 여명(女命)이 꺼린다.
戊 午	炎炎火山 성급한 성격이다. 허영이 있고 배짱이 두둑하다. 지기 싫은 성격에 인덕은 좋은 편이다. 덕망이 있으나 부부 이별수가 있다. 위장질환이 있고 심하면 수술한다.
戊 申	土山載石 편안하고 안정된 생활을 한다. 식복이 따른다. 대화를 즐기며 친절한 편이다. 식성이 좋다. 상대방을 꺾어 누르는 특성이 있다. 실속이 있다.

戊 戌	魁罡演武
	인기가 있다. 氣가 강하며 자기 주장이 강하다. 여자는 집안을 이끌고 사회적인 활동을 하는 사람이 많다. 남의 일을 잘 처리해준다. 투지가 왕성하다.
己 丑	足水腹田
	온화 착실하고 검소하다. 묵묵히 자기일을 해낸다. 겸손하고 빈틈이 없다. 남의 뒷바라지 잘하는 살림꾼이다. 희생적으로 산다. 꾸준히 견디는 힘이 있다.
己 卯	休囚失氣
	소심하고 마음이 약하다. 마음이 자주 흔들리고, 변덕이 많다. 남에게 의지하며 비굴할 정도로 겸손하다. 남 앞에서 자기주장을 펴지 못한다.
己 巳	嶺頭稼穡
	겸손. 성실한 편이나 공상이 많다. 神佛을 숭상하며 학문과 책을 좋아한다. 소심한 편이고 나서기를 싫어한다. 소극적으로 처신한다. 안정된 생활을 원한다.
己 未	高園田畓
	야무지고 빈틈이 없다. 외유내강의 성격이다. 겉으로는 겸손, 나약해 보이나 일에 임하면 양보하지 않는다. 어려움을 근면과 인내로 버텨낸다.

318

己 酉	築土稼穡 상냥하고 친절하나 잔소리가 많은 편이다. 대화를 즐기고 음식을 탐하는 편이다. 너무 치밀하고 세심한 것이 흠이다. 남의 일에 간섭, 관심이 많다.
己 亥	注地稼穡 꾸준히 저축하여 재산을 모은다. 소유욕이 남보다 강하다. 재물운은 좋은 편이다. 처를 잘 다스린다. 실속을 차리며 현실적이고 부지런하다.
庚 子	金空響長 결단력이 좋고 일처리를 잘한다. 상대방을 꺾어 누르려는 성격이 강하여 가끔 시비, 구설이 따른다. 손 재주도 많은 편이다. 여자는 남편덕이 없는 경우가 많거나 돈벌이에 나서는 수가 많다.
庚 寅	入冶爐錘 통솔력 좋고 호탕하며 풍류를 즐긴다. 다분히 정치적인 사람이다. 대개 허리나 관절이 아픈병이 있고 심하면 중풍도 있다. 억지를 부려서 관철하는 특성이 있다.
庚 辰	水師將軍　　괴강 위협심이 강하고 허풍과 과장이 있다. 장담을 잘하며 약자를 도와준다. 여명(女命)은 거의 부부이별이 있거나 사회활동을 한다. 금전운은 좋지 않다.

庚 午	出冶之金 겉으로 큰소리치고 위협을 주나 일에 임하면 뒷감당을 못한다. 포기하거나 좌절하는 수가 많다. 책임감은 강한 편이나 평생, 질병, 재난 등 어려움이 있다.
庚 申	巳成劍載　　건록 배짱좋고 결단력이 빠르다. 강한 성품에 투쟁을 좋아한다. 주위가 시끄럽다. 부부운이 좋지않아 이별하게 된다. 돈이 잘 모이지 않는다.
庚 戌	陸路將軍　　괴강 대장부다운 기질에 정의감이 투철하다. 어려운 일을 떠맡으며 남의 일로 분주하다. 힘을 과시하며 자기를 희생하여 무공을 세우기 좋아한다.
辛 丑	胎息之金 깐깐하고 고집이 세며 깔끔하다. 지기싫어 하며 자기 마음에 들어야만 움직이는 성품이다. 재운은 좋지 않으나 재능은 많은 편이다. 부부운이 별로 좋지 않다.
辛 卯	古木之精 날카로운 성격이다. 맺고 끊는 것이 분명하다. 처세 또한 분명한 편이다. 너무 선을 긋고 깐깐하여 주위사람들이 싫어한다. 인자함이 필요하다.

辛 巳	石中玉璞　　正官 여명은 남편운이 좋고 멋을 잘 내는 편이다. 단정하고 품위 있는 것을 좋아하며 自制心이 강하다. 성품이 강렬한 편은 못된다.
辛 未	鎔土成金 까다롭고 자존심이 강하다. 재주는 있으나 남이 알아주지 않는다. 단순하면서도 갈등이 있고 이기적이다. 기계적이고 분석적인 사고방식을 가졌다.
辛 酉	珍貴珠玉　　건록 깔끔하고 지기 싫은 성격에 고집이 센 편이다. 실속을 차리며 기분에 따라 돈을 잘 쓴다. 단순한 것이 흠이고 몸은 빠르다. 똘똘하다는 평을 듣는다.
辛 亥	水底珠玉　　고란살 얼굴 피부가 맑고 깨끗하며 구설이 따른다. 여자는 남편을 극하여 고독하다. 청상이 많으며 재복을 스스로 차버린다. 냉정하다.
壬 子	洋溢大海　　羊刃 속이 깊고 이해심과 포용력이 있다. 활발한 성격에 돈을 잘 쓴다. 부부이별 수가 있다. 물장사, 운수업 등에 많다. 지략이 뛰어나다.

壬寅	雨露沙提
	식복이 좋다. 음식에 인연이 있어 먹고 즐긴다. 착하고 남을 잘 도와주며 여명(女命)은 자녀 잘 낳고 잘 기르며 마음도 너그럽다. 부자가 많다.
壬辰	壬騎龍背 괴강
	속이 깊으며 생각이 많다. 곤경에 처하면 염세적인 생각을 한다. 여명은 재취, 재혼 등을 하나 재물운은 좋은 편이다. 약간 거친 성격이다.
壬午	祿馬同鄕 午：丁己丙
	의식걱정이 없다. 돈을 많이 만져보고 자유롭게 산다. 타산적이고 꾀를 부린다. 건강은 좋지 않다. 사람과 재물을 잘 다룬다.
壬申	水滿渠成 장성
	차갑고 냉정하다. 건강이 좋지 않아 음식에 탈이 잘 난다. 돈을 잘 쓰며 항상 적자생활을 한다.. 스스로 일을 조급히 저질러 손해를 본다.
壬戌	驟雨易晴
	활발한 성품에 활동적이고 꾀가 많다. 겉으로 큰소리 치나 좌절이 따른다. 강약이 교차되며 노력보다 공과가 적다.

癸 丑	溝渠泥獎　　백호살 소심하고 잔꾀가 많다. 소극적이고 공상이 많다. 학문에 열중하면 좋다. 의타심이 있다. 의심이 많고 일에 주저하는 성격이 강하다.
癸 卯	林中澗泉 음식솜씨가 좋아 스스로 음식을 만들어 먹는 취미가 있다. 조용하게 담소한다. 예술, 문학에 소질이 있다. 비밀이 탄로나는 경우가 있다. 여자는 남편에게 희생적이다.
癸 巳	高阜峸河 계산에 빠르고 실속을 차린다. 장부 정리를 치밀하게 잘 하고 내부관리도 잘한다. 남자는 처덕을 보며 가정적이고 내성적인 성격이다.
癸 酉	石孔流泉　　도화 음주를 즐기는 편이다. 여명은 첩살이하는 수가 많다. 귀염을 받는다. 혼자 조용히 어떤 일에 몰두한다.
癸 未	澤滲曲水 나약하고 실패가 많다. 남에게 이용당한다. 겁이 많아 기회를 놓친다. 여명(女命)은 재취로 가면 좋다. 움츠리고 사는 타입이다.

癸 亥	**源出崑崙** 외모는 얌전하나 성격은 개방적이다. 활달하고 유능하다. 무능한 척하면서 최종 이익을 노린다. 부부이별, 손재가 따른다.

2. 육신의 종합해설
1) 육신의 특성

六神	특성	많으면	부족(없을때)
比肩	독립심, 고집, 독단, 성급, 판단력, 동작이 빠르다. 기가 세다. 똑똑하다.	氣高하여 자기 멋대로이다. 말과 행동이 급하여 일을 잘 저지른다. 나서기 좋아하며 자기주장이 강하여 미움을 산다. 매사에 지나쳐서 실패한다.	기세가 약하며 남의 눈치 보기 바쁘다. 남하고 다투고 겨루기 싫어하며 의타심이 있다. 배짱이 없다.
劫財	야비하다. 투기심, 도박, 승부욕이 강하다. 낭비벽이 있다.		
食神	상냥, 친절, 소박, 낙천적, 대화 솔직, 자기표현, 적극적, 헌신적이다.	말이 많고 실수도 많으며 경망스러워 보이나 친절하고 다정하다. 남의 일도 잘 보아주나 관심, 간섭이 심하다. 太過하면 정반대의 성격이 된다.	말이나 자기표현이 부족하다. 가지고 있는 재주능력을 잘 활용하지 못한다. 답답한 사람이다.
傷官	멋쟁이, 재주꾼, 영리하고 기교를 좋아한다. 멋대로형, 꺾어누르는 기질		

偏財	호탕, 영웅형, 풍류기질, 융통성, 통솔, 理財, 공격적, 직선적	주위사람을 괴롭히고 남에게 폐가 되는 줄도 모르고 행동한다. 부지런하나 일만 많고 실속이 적다. 재물이나 돈은 많이 만진다.	일하기 싫어한다. 욕심이 없고 통솔력도 부족하다. 재산, 재물을 오래 간직하지 못한다.
正財	근면 성실, 타산적, 야무진 살림꾼, 빈틈없는 일처리, 부지런, 고지식		
偏官	권위적, 용감, 모험적, 반항적, 위협적, 투쟁, 험독, 잔인성	소심하여 겁이 많다. 주저하고 의심이 많아 나서지 못하고 수동적이다. 애교가 있으며 충성심은 좋다. 괴로움이 많아서 염세 포기형이 많다.	남의 간섭을 싫어한다. 얽매인 생활을 견딜 수 없다. 준법정신, 자기단련이 부족하다.
正官	단정, 정직, 순종, 책임감이 강하다. 고지식, 소극적, 수동적, 모범, 착하다.		
偏印	괴팍, 까다로움, 신비, 공상적, 창작성, 재치, 예술성, 나태, 무능	박식하고 폭이 넓다. 사람은 잘 따르나 나태하고 실행력이 부족하다. 기회를 잃는다. 용두사미격으로 비현실적인 사람이다. 이상주의	생각의 폭이 넓지 못하고 학문과도 인연이 없다. 부모덕이 부족하며 명예욕이 없다.
正印	성인군자, 신중, 박한 다식, 명예, 명분 중시, 말이 적다. 똑똑하다.		

2) 육신과 육친관계

육신	육친관계	인 물	많 으 면	약 하 면
비 견	男 : 兄弟姉妹, 子婦, 明友	친구, 동료, 경쟁자	형제수가 많거나 배다른 형제가 있다. 그렇지 않으면 독신, 양자 가는 수가 있다. 처와 이별수가 있다.	형제가 고독하고 배우자가 자기보다 낫다.
	女 : 兄弟姉妹, 媤父, 夫의 妾			
겁 재	男 : 異腹兄弟姉妹, 同僚	후배, 동료		
	女 : 異腹 兄弟姉妹, 夫의 妾			
식 신	男 : 丈母, 孫	종 업 원, 식솔, 상속자, 제자	여자의 경우 자녀가 많거나 식솔이 많다.	여 명(女命) 은 자녀에 애로가 있다.
	女 : 子女			
상 관	男 : 祖母, 外祖父	〃	배 다른 자식, 남의 자식을 키운다. 남편과 이별수가 있다.	
	女 : 子女, 祖母, 外祖父			

육신	육친관계	인 물	많 으 면	약 하 면
편재	男 : 父, 妾, 情婦, 妻의 同氣	부하, 여자들	처첩이 많거나 재혼하는 수가 있다. 두 아버지를 모시거나 어머니 일찍 이별 한다. 또는 배다른 형제가 있다.	처와의 인연이 약하고 자주 이별하거나 별거 한다.
	女 : 父, 媤母			
정재	男 : 妻, 伯淑父母	부하, 여자들		
	女 : 伯叔父母, 媤庶母			
편관	男 : 子, 庶子(七殺)	上官, 관리, 귀신	형제가 고독하고 단명한다. 불구이거나 질병이 있다. 여자는 남편궁이 바뀌거나 여러 남자와 인연을 갖는다. 화류계생활	남편과의 인연이 좋지 않다. 늦게 결혼하거나 독신생활한다. 별거 하는 수도 있다.
	女 : 情夫, 再嫁之夫			
정관	男 : 子, 孫婦, 姪	〃		
	女 : 本夫, 子婦			
편인	男 : 庶母, 系母, 乳母, 祖父	윗어른, 스승, 귀인	두 어머니 모시거나 배다른 형제가 있다. 여성은 자녀에 애로가 있다. 난산, 무자, 이별	어머니와의 인연이 약하다.
	女 : 庶母, 系母, 乳母, 孫			
정인	男 : 生母, 孫, 丈人, 從祖父	〃		
	女 : 生母, 孫, 四寸			

3) 육신과 직업

六神		職業
比肩	자유로운 직업	독립업, 운동 체육관계, 대리점, 자영사업, 외무원
劫財	경쟁업	투기업, 수금업, 대리점, 하청업, 체육인, 행상
食神	노력 봉사하는 일	먹는 것과 관계있는 일, 직장생활, 교육계, 서비스업종
傷官	기술, 재주 쓰는 일	수리업, 예능(서예, 가수, 작가 등), 상업, 의사, 기자
偏財	사업 통솔하는 일	유통업, 금융업, 중개무역업, 흥행, 유흥업, 군인
正財	현금이나 재산관리	재정관, 은행원, 경리, 자재, 창고관리, 상업
偏官	거친일, 투쟁적인 일	군인, 경찰, 건축, 종교계, 권력, 감투, 해결사
正官	봉급쟁이	공무원, 교육계, 회사원, 총무, 비서직
偏印	비현실적, 예술계통	예술가, 작가, 종교인, 의사, 변호사
正印	문서, 교육, 생산계통	교육가, 문필가, 출판계, 기자, 문화사업, 종교

4) 육신에 따른 운세

六神			運　　　　　勢
比肩	자립·낭비	홀로서기	힘을 얻어 自立하거나 새로 일을 시작한다. 인기는 올라가고 배짱대로 일을 꾸미고 큰소리 쳐보나 지나치면 실패하고 후회한다.
劫財	손재·이별	가지치기	남(형제, 친구, 동업인) 덕택에 기운 차리고 욕심나서 도전하여 횡재도 하나 방법이 틀려서 손해 보는 수(사기, 도난, 실물)가 많다.
食神	식록·활동	꽃피우기	물꼬 터지듯, 하고 싶은 대로 술술 풀려간다. 먹을 일도 많다. 막힌일 잘 풀리나 자칫하면 남 좋은 일만 하고 만다.
傷官	구설·이탈	바꿔치기	싫증나고 짜증나며 벗어나고 싶다. 모든 것 거부하고 부숴버리고 싶다. 일은 꼬이고 말썽만 사납다. 때론 뽐내고 광내기도 한다.
偏財	자금·부채	빌려쓰기	내 물건 내소유는 놔 두고 남의 것이 욕심나서 빌려쓰고 한눈 판다. 빚도 쓰고 더러는 횡재수도 있다. 큰돈 만진다.

六神			運　　　勢
正財	현금·이익	열매따기	노력한 대로 대가가 들어오고 속알맹이 꽉들어차니 실속 있다. 재주가 좋고 흩어진 모든 것이 깨끗이 정돈된다.
偏官	관재·재앙	얻어맞기	되는 일 없고 일마다 좌절한다. 관재나 질병이 괴롭히고 도처에 적을 만난다. 머리다치거나, 감투 쓰고 큰일 따내는 기쁨도 있다.
正官	관록·인정	칭찬받기	명예로운 제복입은 상이니 의기양양하다. 승진수도 있고 시험에도 합격한다. 취직도 되고 내 주인을 만난다. 칭찬도 받으나 육신은 고달프다.
偏印	적자·실직	놀고먹기	얼었던 땅 녹아 들뜬 상이니 게을러서 시도한 일은 실패한다. 돈 나갈일만 생긴다. 돈까먹고 안절부절한다. 몸에 병이 생긴다.
正印	문서·지위	새일하기	기쁜 문서 손에 들어오니 시험에 합격하고 허가증, 자격증 취득한다. 새집, 새단장, 새옷 입고, 새자리에서 새출발한다. 貴人이 와서 돕는다.

3. 구성자백(九星紫白)

생년의 本命星은 입춘이 기준이다. 그 해 입춘에서 이듬해 입춘 전일까지 탄생한 사람이 그 해의 九星으로 本命星을 삼는다. 그러므로 입춘 전후에 탄생한 사람은 착오 없이 본 명성을 찾아서 당년운세를 보아야 한다.

● 본궁도(本宮圖)

	己	午	未	
辰	四祿 巽木	九紫 離火	二墨 坤土	申
卯	三碧 震木	五黃 中土	七赤 兌金	酉
寅	八白 艮土	一白 坎水	六白 乾金	戌
	丑	子	亥	

● 나이 세는 법(本命星 찾는 法)(2흑년의 경우)

※ 數 : 낙서
　名 : 자백
　象 : 팔괘
　意 : 괘상

四 3 　　30	九 8 　　80	二 1才 　　10
三 2 　　20	五 4 　　40	七 6 　　60
八 7 　　70	一 9 　　90	六 5 　　50

금년(89년)이 二黑年이므로 금년 태생 1才는 2흑성 작년 (三碧년)은 두 살이다.

※ 연 : 逆行　월 : 逆行　일 : 月과 같다.

九	五	七
八	一	三
四	六	二

一白入中

一	六	八
九	二	四
五	七	三

二黑入中

二	七	九
一	三	五
六	八	四

三碧入中

三	八	一
二	四	六
七	九	五

四綠入中

四	九	二
三	五	七
八	一	六

五黃入中

五	一	三
四	六	八
九	二	七

六白入中

六	二	四
五	七	九
一	三	八

七赤入中

七	三	五
六	八	一
二	四	九

八白入中

八	四	六
七	九	二
三	五	一

九紫入中

● 뜻(意)

함일백(陷一白) : 水星人 : 침체 : 坎水 ☵ : 질병, 도난, 실물, 합정, 지식, 술수

순이흑(順二黑) : 土星人 : 근검 : 坤土 ☷ : 대지(전답), 유순, 저축, 土地, 성실

동삼벽(動三碧) : 木星人 : 진출 : 震木 ☳ : 분출, 터진다. 위세, 놀람, 허풍

입사록(入四祿) : 木星人 : 정비 : 巽木 ☴ : 風, 여행, 풍문, 중매, 무역

오황(五黃) : 土星人 : 부침 : 中史 : 갇힘, 핵심, 곤고, 中心

건육백(建六白) : 金星人 : 강건 : 乾金 ☰ : 天, 존귀, 발전, 상승

탈칠적(悅七赤) : 金星人 : 희열 : 兌金 ☱ : 入, 희열, 구설, 낭비, 음식, 연애

지팔백(止八白) : 土星人 : 개혁 : 艮土 ☶ : 山(건물), 止, 새출발

허구자(虛九紫) : 火星人 : 광명 : 離火 ☲ : 빛, 발표, 인기, 화려, 비밀탄로

정비	광명	근검
진출	부침	희열
개혁	침체	강건

예 : 七赤이나 二黑의 경우

88 三벽년의 운세는 7적인은 광명운, 2흑인은 정비운에 해당한다.

	己	午	未	
辰	②	⑦	⑨	申
卯	①	3	5	酉
寅	⑥	⑧	4	戌
	丑	子	亥	

※ 오행 상생·상극의 종합

구분	象意	작용	六親	대인관계	직업	氣	성격	특성	육친작용	十二運	12신살	운세
旺氣 比我者	得力·경쟁	益	형제·친구	협조인	독립업	旺	자율성	직선·단독	克克 妻父	臨官 帝旺	반將 안星	독립,자립 시비,경쟁 이별,손재
生我者	文書·명예	補	부모·조상	원조인	학문·생산	生	기획성	신중·사고	克克 孫夫	養浴 生	年月 殺殺	신규사업 새출발 문서, 귀인도래
我生者	진출·이탈	洩	자녀·식솔	상속인	재능·활동	休	활동성	경솔·상냥	克克 上 夫官	衰· 病	六害 亡身殺	활동,진출 확장,구설 이탈,변동
我克者	재물·지배	散	처첩·부친	부하	사업·관리	囚	지배성	통솔·이용	克 母	死· 胎	驛地 馬殺	재물,발동 분주다사, 투자, 금전,부채 목돈
克我者	官 魂	積	남편·자녀	上官	직장·관록	死	순종성	모범·책임	克克 兄自 弟身	絶· 墓	華蓋· 劫殺· 災殺	취직,승진 질병,관재 소송,因苦

※참 고

- 삼살방(三殺方) : 집짓고, 고치고, 우물파고, 담장쌓고, 문내고, 나무베는 것 등을 피한다. 삼살 방에 든 무덤을 쓰지 않는다.

寅午戌(火)年 → 亥子丑(水)方
申子辰(水)年 → 巳午未(火)方
巳酉丑(金)年 → 寅卯辰(木)方
亥卯未(木)年 → 申酉戌(金)方

- 대장군방(大將軍方) : 太歲를 말하는 것으로 주관하는 神 과 같다. 三殺方과 같은 뜻으로 피 하는 일. 삼가하는 일은 동일하다.

亥子丑(火)年 → 西方
己午未(火)年 → 卯方
寅卯辰(木)年 → 子方
申酉戌(金)年 → 午方

- 이보방위법(移徙方位法)

일천록(一天祿) : 하늘로부터 관록과 식록이 이른다.
이안손(二眠損) : 안질과 손재수가 생긴다.
삼식신(三食神) : 먹을 것이 생기고 재수가 좋으며, 사업이 흥한다.
사증파(四甑破) : 시루를 깨는 상으로 식복이 달아나고 손 재수가 있다. 사업이 잘 안된다. : 효신살

오오귀(五五鬼) : 귀신이 모이는 경우로, 질병과 상서롭지
　　　　　　　　못한 일이 생긴다.

육합식(六合食) : 재물이 늘고 만사대길하다.

칠진귀(七進鬼) : 귀신출현의 상으로 질병과 손재가 따른
　　　　　　　　다.

팔관인(八官印) : 관록과 문서의 획득으로 관직을 얻거나
　　　　　　　　영전된다.

구퇴식(九退食) : 재산이 점차 줄어든다.

● 本 宮 圖

南

	巳	午	未	
辰	四 증파	九 퇴식	二 안손	申
東　卯	三 식신	五 오귀	七 진귀	酉　西
寅	八 관인	一 천록	六 합식	戌
	丑	子	亥	

北

• 나 이 세 는 法

乾命 : 震宮에서 1才   坤命 : 坤宮에서 1才

2才	7才	9才
1才	3才	5才
6才	8才	4才

3才	8才	1才
2才	4才	6才
7才	9才	5才

20才	70才	90才
10才	30才	50才
60才	80才	40才

30才	80才	10才
20才	40才	60才
70才	90才	50才

例 : ① 二眠損入中宮   ② 四甗破入中宮

己 午 未   己 午 未

辰	1천록	6합식	8관인	申
卯	9퇴식	2안손	4증파	酉
寅	5오귀	7진귀	3식신	戌

丑 子 亥

辰	3식신	8관인	1천록	申
卯	2안손	4증파	6합식	酉
寅	7진귀	9퇴식	5오귀	戌

丑 子 亥

• 황도흑일

地支 암기법 月(日)	子 吉	丑 吉	寅 凶	卯 凶	辰 吉	巳 凶	午 凶	未 吉	申 凶	酉 凶	戌 吉	亥 凶
1 寅 申 7	○	○	×	×	○	×	×	○	×	×	○	×
2 卯 酉 8	○	×	○	○	×	×	○	×	×	○	×	×
3 辰 戌 9	×	×	○	×	○	○	×	×	○	×	×	○
4 巳 亥 10	×	○	×	×	○	×	○	○	×	×	○	×
5 子 午 11	○	×	×	○	×	×	○	×	○	○	×	×
6 丑 未 12	×	×	○	×	×	○	×	×	○	×	○	○

※황도일 : 吉日 : 좋은날, 時 잡을 때, 하관시

　혹도일 : 凶日

　月을 기준하여 날을 잡고

　日을 기준하여 時를 잡는다.

• 암기법

吉吉凶凶吉凶凶
吉凶凶吉凶

	巳亥			子午
辰戌	巳	午	未	申
	辰			酉
	卯			戌	丑未
卯酉	寅	丑	子	亥
		寅申		

4. 生活 속에 나타난 易學思想

一. 머릿말

우리나라 사람들의 모든 생활규범 내지 의식(意識) 속에 역학 (易學)사상이 배어 있다. 어떤 징조를 판단할 때, 가족제도, 제사, 결혼절차, 이사, 날잡을 때, 이름짓는 데는 물론 사람을 들이고 나가는 데도 역학을 참고하였다. 국가의 물품제도나 사회제도 등 모두 역학의 이론에 맞게 하였던 것이다.

이는 역학의 사상이 이치학이기 때문이다. 다시 말하여 역학의 모든 이론이 이치에 맞게 되어 있으며 모든 제도 또는 행동을 역 학원리에 따라함으로서 곧 이치에 맞게 행동하게 되는 것이다.

어떤 행동을 어떻게 할 지 모르고, 어떤 제도를 어떻게 만들어 야 할까 고민하다가 이치에 맞게 하면 되겠다 하고 생각한 것이 다.

그래도 판단이 잘 안서면 박학다식한 분한테 물어보았는데, 이 박학다식한 분이 많은 공부(사서삼경 등)를 하여 이치를 알고 있 었다는 얘기가 되고, 공부를 많이 하면 이치에 통달하게 되지만 더구나 이 사서삼경 중에 역경(易經)이 있었던 것이다. 이 역경의 내용이 사물의 이치를 설명한 것이기 때문에, 이치에 밝게 된다. 이치에 밝기 때문에 현재의 상태를 보고 미래, 장차 이렇게 되겠다는 것을 알 수 있었다. 즉 사물의 이치가 이렇게 되어 있다 하는 것을 아는 것이다.

그래서 성인(聖人)은 미래를 내다 볼 줄 알았던 것이다.

신문에 청학동 총각에 관한 기사가 난 적이 있다. 그 총각이 고장난 모든 제품을 고칠 수 있다는 내용이었다. 그 총각의 말이 원리를 생각해 보면 고치는 방법도 알 수 있다고 하였다. 그 총각은 구학문(사서삼경 등)만 공부하고 신학문을 공부한 적이 없는 데도 가능한 것이다.

현대는 전문분야가 세분화되어 있어 현대인은 전문분야 외에는 알 수가 없으나 청학동 총각은 전체적으로 사물의 이치에 관한 공보를 하였기 때문에 무엇이든 가능하였던 것이다.

따라서 역학의 기본사상 – 음양(陰陽), 오행(五行)–이 생활 속에 어떻게 배어 있나를 살펴 보는 것도 무의미하지는 않을 것이다.

그런 의미에서 이제부터 우리의 생활 속에 스며있는 역학의 이치를 살펴보려고 한다.

二. 음(陰)과 양(陽)

수(數)

홀수(1, 3, 5, 7, 9)가 양이고, 짝수(2, 4, 6, 8, 10)이 음이다.

양—발전, 생성, 시작, 출발, 강함, 활동, 적극적이라는 의미
　　가 있다.

음—축소, 정자, 소멸, 후퇴, 약함, 휴식, 소극적이라는 의미

가 있다.

그러면 왜, 어떤 이치에서 음 · 양의 의미가 구분되는가? 또 수의 구분은?

우선 하루를 보자.

하루는 밤과 낮이 있다. 이 낮(晝)를 양이라고 보고 밤(夜)을 음이라고 본다.

낮에는 만물이 활개치고 사람이나 짐승은 활동하게 된다. 식물 중 낮에는 잎을 활짝 열고 밤에는 움츠러든다. 이것은 눈으로 확인할 수 있는 것이지만 다른 것도 우리가 확인을 못할 뿐 똑같은 것이다.

또 홀수를 양으로 보고 짝수를 음으로 보는 것은 모든 사물이 그렇게 되어 있기 때문이다.

예를 들어 쌀은 금(線)이 없기 때문에 양으로 보고 보리는 금이 있어서 둘로 갈라졌기 때문에 음으로 본다. 흔히 결혼을 얘기할 때(짝을 맞춘다고 한다) 즉 숫자로는 둘이다. 또 헌 고무신도 짝이 있다고 이야기한다. 이때의 짝이 짝수를 말하고, 혼자 사는 성년기가 지난 남자를 말할 때 홀아비라고 이야기 하듯, 이 때의 홀아비, 짝이 없는 홀수를 말한다.

그럼 먼저 생일을 판단해 보자.

생일이 양월양날(음력)이라면(예:1월 3일) 팔자가 세다고 보았고, 반대로 음월음일(예:2월 4일)이면 성격이 온순하고 부드러우며 심한 경우 단명한다고 보았다.

생일이 양월양날인 경우 양성적인 성격을 많이 가졌고 매사에 적극적이며 외향적이며 일을 잘 저지르고 여자의 경우 남자같은 성격을 가졌다.

생일이 음월음일인 경우 부드럽고 연약하며 여성적이고 착한 성격을 가졌다. 여기서 단명할 수 있다고도 하는데 이것은 약한 나무가 비바람에 쉽게 쓰러지는 이치이다.

그러나 강한 경우도 일찍 생을 마감하는 경우가 있는데, 강한 나무가 쉽게 부러지는 이치로, 너무 강하게 처신하다가 사고를 내는 경우로 난폭운전 등으로 사고를 내는 경우에 속한다.

그러나 여기서 단명하다고 하는 것은 그럴 확률이 많다고 본다. 사람의 명(命)이 정해져 있다는 가정하에 흔히 명줄이 짧다고 말하지 않는가. 설령 단명한 팔자를 타고 났다면 죽은 듯이 살면 명을 연장할 수 있는 것이다.

제사나 고사를 지낼 때에도 양을 써서 과자를 3층, 5층, 7층 등으로 되게 고인다. 9가 양 중에 제일 높기 때문에 9층 이상은 없다. 또 과일, 과자, 나물의 가짓수도 3색과일, 5가지, 7가지 등이다.

점안을 할 때 5색실, 5곡 등을 부처상 복장(배속)에 넣는데 5는 양도 되지만 음을 포함(2)한 숫자도 되고, 숫자의 중심에 위치하기 때문이다.

같은 숫자가 겹치는 날 중에 양끼리 겹치면 너무 세기 때문에 일을 안하고 명절로 놀았다.

1월1일-설, 3월3일-삼짓날, 5월5일-단오, 7월7일-칠석, 9월9일-9중절.

■ 생일, 백일, 회갑 잔치를 하는 이유
생일은 태어난 날이 돌아오는 것이고 회갑은 자기의 태어난 간지(육십갑자중)가 돌아오는 것인데, 역학에서는 이렇게 같은 것이 되돌아 오는 것을 복음(伏音)살이라고 하여 흉하게 보았기 때문에 잔치를 하여서 흉을 나누어 준다고 생각하였다. 인체의 어느 부위를 수술하면 다음 해에 그 시기가 돌아오면 다시 아픈 이치이다.

집들이, 고사 등 나누어 주는 떡 속에 재앙도 함께 나누어 준다고 믿었고 여러 손님들이 와서 술과 고기를 나누어 먹으며 왁자지껄 떠듦으로서 귀신(악귀)이 침범할 기회를 안 주는 것이다. 백일 잔치를 하는 것은, 아기가 태어나서 100일 안에 잔병치레를 다하고, 100일이 되면 무사히 넘겼다는 의미에서 잔치를 한다.

요즈음 회갑잔치를 하면 안좋다고 부부가 여행을 떠나는 경우가 있는데, 회갑잔치의 의미가 잔치를 함으로써 액땜을 하는 의미가 있다면, 안하는 것은 이치에 맞지 않는다.

보리는 음에 속하기 때문에 겨울을 견디고, 모양도 갈라진 상으로 음으로 본다. 하여 혈압이 높은 사람은 보리밥을 먹는다. 음의 색깔은 검은색이다. 검은색이 나는 음식은 조혈(造血)작용을 한다. 대표적인 것은 미역인데, 미역은 색깔이 검고 물(음) 속에서 자란다.

▓ 날(日)을 고를 때

택일도 마찬가지여서 고사, 점안식, 기공식, 준공식, 결혼식, 상량식, 법률의 공포, 개업 등 앞으로 번창하고 융성하여지기를 바랄 때에는 양날(陽日)을 쓰고, 액땜, 병에 관한 굿이나, 구병시식, 관재구설을 없애는 의식 차(車) 고사 등 액(厄)을 없애는 의식

일 때는 음날(陰日)을 잡는다.

▣ 태몽

양—모난 것, 큰 것, 튀어나온 것, 겉, 남자, 해(日), 낮, 굳센
것, 많은 것, 나가는 것, 가득찬 것, 맑은 것, 열린 것, 착
한 것, 살아있는 것, 질긴 것, 힘이 센 것, 밝은 것, 불(火),
전면(前面).

음—둥근 것, 작은 것, 움푹 들어간 것, 속, 여자, 달(月), 밤
(夜), 부드러운 것, 적은 것(少), 후퇴하는 것, 빈 것, 탁한
것, 닫힌 것, 악한 것, 죽음, 약한 것, 어두운 것, 물(水),
뒷면.

꿈에서 안았거나 보았거나 먹은 것이 무엇이냐에 따라서 아들
꿈인가 딸을 잉태한 꿈인가를 알 수 있다. 즉 앞에서 서술한 음·
양의 구분에서 양은 아들, 음은 딸로 보면 된다.

예를 들어 뱀의 경우 구렁이, 독사 등 힘이 강하고 튼 것은 아
들에 속하고 꽃뱀, 실뱀, 동그랗게 동아리를 튼 것은 딸을 상징한
다. 가끔 아들 태몽을 꾸었는데 딸이 태어났다면 아들과 같은 딸
이고 딸꿈을 꾸었는데 아들이 태어났다면 딸과 같은 아들로 성격
이 여성스럽던지 하는 일이 여자가 하는 일, 또는 집안에서도 딸
과 같은 역할을 하는 경우가 많다.

▣ 운전

택시 기사가 첫 손님이 여자이거나 안경을 낀 손님을 꺼린다고
한다.

여자는 물론 음이고 안경도 테가 둥글기 때문에 음으로 보기 때문이다.

하루의 시작 즉 개시는 활발해야 되는데 음으로 하루를 시작하면 하루종일 시원치 않다고 보기 때문이다.

■ 함

함진애비는 첫아들을 낳은 사람으로 택하는데, 결혼생활이 풍성하기를 바라고 아들 수가 많기를 바라는 마음이다.

즉 남아선호 사상 때문이다.

■ 양력(陽曆)과 음력(陰曆)

양력은 태양의 주기를 나타낸 것으로 1년의 주기는 $365\frac{1}{4}$日이다. 크고 작은 달을 만들어 여기에 맞추었다. 보통 한달은 30일로 계산한다.

음력은 달(月)의 주기를 기준한 것인데 물(水)은 음에 속하므로 달의 영향을 받아 조금 사리가 생긴다.

또 여자는 음이기 때문에 달의 영향을 받아 월경을 하게 되고 정상주기가 28日이다.

흔히 아이를 임신한 지 열 달 만에 낳는다고 하지만 정확히 임신한 날로 부터 280일이다. 10달 만이 아니고 10달째 가서 출산한다.

역학에선 습한데서 생명체가 생긴다고 본다. 여러분도 알다시피 메마른 사막에는 생명체가 없기 때문에 〈불모의 사막〉이라고 하지 않는가?

■ 아들 낳는 법

약 10년 전에 아들 낳는 비법을 일러 준다고 광고를 내어 거금을 받고 일러준 적이 있는데 원리는 간단한 것이다. 이 방법만 알면 돈 안들이고 비법을 알 수 있다.

즉 양날 양시에 합방하면 양기가 성(盛)하기 때문에 아들일 확률이 많다. 거의 아들이지만 딸일 경우 아들같은 딸이 된다.

양달(陽月)―1(寅), 3(辰), 5(午), 7(申), 9(戌), 11(子)월

양날(陽日)―달력의 일진 기준. 甲, 丙, 戊, 庚, 壬

양시(陽時)―子시(전날 11시~오전 1시)

　　　　　　寅시(3시~5시)

　　　　　　辰시(7시~9시)

　　　　　　午시(11시~1시)

　　　　　　申시(3시~5시)

　　　　　　戌시(7시~9시)

■ 절

죽은 사람은 음(陰)이고, 산 사람은 양(陽)이다.

따라서 산사람한테 하는 절은 한번이고 죽은 사람(제사 등)한테는 남자는 2번, 여자는 4번이다.

참고로 신(神)이나 부처 또는 신과 같이 떠받드는 사람한테는 3번이다.

■ 방위(方位)

남좌여우(男左女右)의 원칙.

남자는 왼쪽, 여자는 바른쪽이라는 의미이다.

부인들이 임신을 하였을 때 눈밑(와잠)이 부풀어 오르는데, 왼쪽 눈밑이 크게 부풀어 오르면 아들, 바른쪽에 나타나면 딸로 본다.

또한 임신한 부인을 뒤에서 불렀을 때 왼쪽으로 돌아보면 아들, 바른쪽으로 돌아보면 딸이다.

맥을 짚어 보아서 왼쪽 손의 맥박이 크게 뛰면 아들, 오른손의 맥박이 크게 뛰면 딸이다. 왼쪽을 아들로 보았기 때문에 아기를 갖자마자 왼쪽을 아래로 하고 누워야 아들이 된다고 믿었던 것이다.

왼쪽의 눈썹이 쳐졌거나 이마가 함몰되었거나 왼쪽 눈이나 귀가 작거나 고개를 왼쪽으로 기울이고 걷거나 왼쪽 어깨가 쳐졌으면 부선망(父先亡)으로 보고 이와 반대로 바른쪽이 그러면 모선망으로 본다.

이것은 한 개인을 대상으로 본 것이고 둘 이상일때는 다음과 같이 판단한다.

바른쪽을 귀하게 보아서 높은 사람, 귀한 사람, 존경의 대상, 고참 등을 바른쪽에 모셨다. 우군(右君)이라고 할 때는 내편을 말한다.

회갑을 맞아서 상을 받을 때 남편이 부인의 오른쪽, 부인은 남편의 왼쪽에 앉는다. 명절 때 부부가 같이 절을 받을 때에도 마찬가지이다.

결혼식 때도 신랑이 신부의 바른쪽, 신부가 신랑의 왼쪽인데, 손님을 향하여 섰을 때의 기준이다. 신부가 입장할때도 바른쪽이 귀하니까 신부의 아버지가 신부의 바른쪽에 선다.

선방(禪房)에서 청운이라고 쓴 곳이 왼쪽을 의미하기 때문에 신참 스님들, 백운이라고 쓴 곳이 바른쪽을 의미하므로 높은 스님들이 앉는다.

현대적으로 응용을 하려면, 출입문에서 제일 깊숙한 곳이 상석(上席)이므로 여기에 주빈(主賓)을 모시고 주빈을 기준으로 하여 바른쪽엔 높은 사람, 왼쪽엔 아랫사람이 앉으면 되는데, 일본에서는 여기에 무척 신경을 쓴다.

그러나 죽은사람한테는 반대이므로 제사 때 신위(神位:위패)를 모실 때 여자가 바른쪽이고 남자가 왼쪽이다.

▓ 음식

양에 속하는 음식은 원기를 돋우고 살찌우게 하고 부풀리는 작용을 한다. 음에 속하는 음식은 단단하게 하고 오므라드는 역할, 피(血)를 만들어 준다.

요즈음 살빼기(다이어트)에 관심이 많은데 인간은 동물에 속하고 육식을 가지고 있기 때문에 기본 체력을 유지하기 위하여 먹어야 한다.

안 먹어서 살을 빼는 방법이 있는데 이 방법은 기력이 쇠잔하여져서 곤란하고 약을 먹어서 살을 빼는 방법도 찬성을 할 수가 없다. 왜냐하면 인체에 필요한 지방까지도 제거하기 때문이다.

▓ 곡식

음 : 보리, 검은콩, 검은깨
양 : 쌀, 누런콩, 빨간팥, 하얀깨

보리는 음에 속하기 때문에 겨울을 견디고 모양도 갈라진 상으로 음으로 본다. 하여 혈압이 높은 사람은 보리밥을 먹는다. 음의 색깔은 검은색이다. 검은색이 나는 음식은 조혈(造血)작용을 한다. 대표적인 것은 미역인데 미역은 색깔이 검고 물(음) 속에서 자란다.

순행(順行)과 역행(逆行)
양은 순행하고 음은 역행한다.

순행이라는 것은 시계방향으로 도는 것을 말하고 역행이란 시계가 도는 방향의 반대방향이다.

왜 음과 양이 반대로 도는가 하면 태양과 지구를 생각하면 된다.

엄격히 말하면 태양은 가만히 있고 지구가 돌지만 지구가 태양의 빛을 맞이하는 것은 톱니바퀴가 맞물려 돌아갈 때 서로 반대로 돌듯이, 서로 반대로 도는 형상이다.

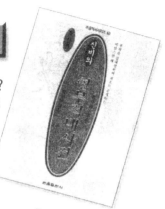